# 意外な大阪の「駅」のナゾ

ディープな驚きが満載！
おもしろい鉄道マメ知識

米屋こうじ◉Yoneya Koji

# はじめに

大阪府にある鉄道の駅数は、路面電車の停留場も入れておよそ五〇〇駅。鉄道駅はそれぞれの町の玄関口で、地域に住む人々にとって通勤、通学、買い物や通院など、日常生活を営むなかで欠かせない存在だ。

日常的に利用する路線でも、列車で移動すると「これはなぜ？」と不思議に思う「駅」のナゾと出会う場合がある。それは駅名であったり、駅の立地であったりと様々だ。難読駅名で知られる片町線の放出駅などは「何て読むの？」に加えて、「駅名の由来は？」などのナゾが湧いてくる。

そのような駅にまつわる様々なナゾを探ったところ、駅建設の経緯、鉄道会社や沿線住民の思惑や周囲との関係、開業後より現在に至るまでの道のりなどに辿り着いた。人生に一人ずつの物語があるように、駅にも一駅ごとの物語がある。ナゾは駅それぞれの物語に結びついていたのだ。

東北地方出身の私は、大阪には縁がなかったが、取材で何度も訪れるうちに、「兄ちゃん、なに撮っとんの」などと気軽に声を掛けられる事もしばしば。他人との分けて隔てが少ない、大らかな大阪気質がすぐに好きになった。

また、今回こうして大阪の駅の由来を巡るうち、駅名一つに歴史の重みや、土地に根付いた人々の思いが感じられ、大阪がより身近になった気がしている。

例えば近鉄南大阪線の土師ノ里駅などは、古墳建設に従事した一族の存在が駅名の陰に隠されている。古墳時代は五世紀頃で、今から千数百年前というから驚く。また、新大阪駅で新幹線から御堂筋線に乗り換えて、大阪市内へ向かう時に通る、西中島南方駅などは、地元の人々の「我が地名を駅名に」という強い思いが駅名になっている。そんなエピソードに人間臭さが感じられた事で、大阪に新たな親しみが湧いてきたのだろう。

本書は平成二八年（二〇一六）に洋泉社より発刊した『大阪「駅」の謎』に加筆・修正し再発行したもの。より大阪に親しんでいただければ幸甚である。

米屋こうじ

本書は、株式会社洋泉社より刊行された『あなたの知らない大阪の「駅」の謎』を、改題・再編集したものです。

# 意外な大阪の「駅」のナゾ◉目次

## 第❶章●地域の歴史にまつわる駅の「謎」

# 第❷章●周囲の地形や環境にまつわる駅の「謎」

# 第❸章●構内配線や列車運転にまつわる駅の「謎」

## 第❹章●駅舎や駅施設にまつわる駅の「謎」

## 第５章●もっと知りたい駅の「謎」

**◉『意外な大阪の「駅」のナゾ』資料編**

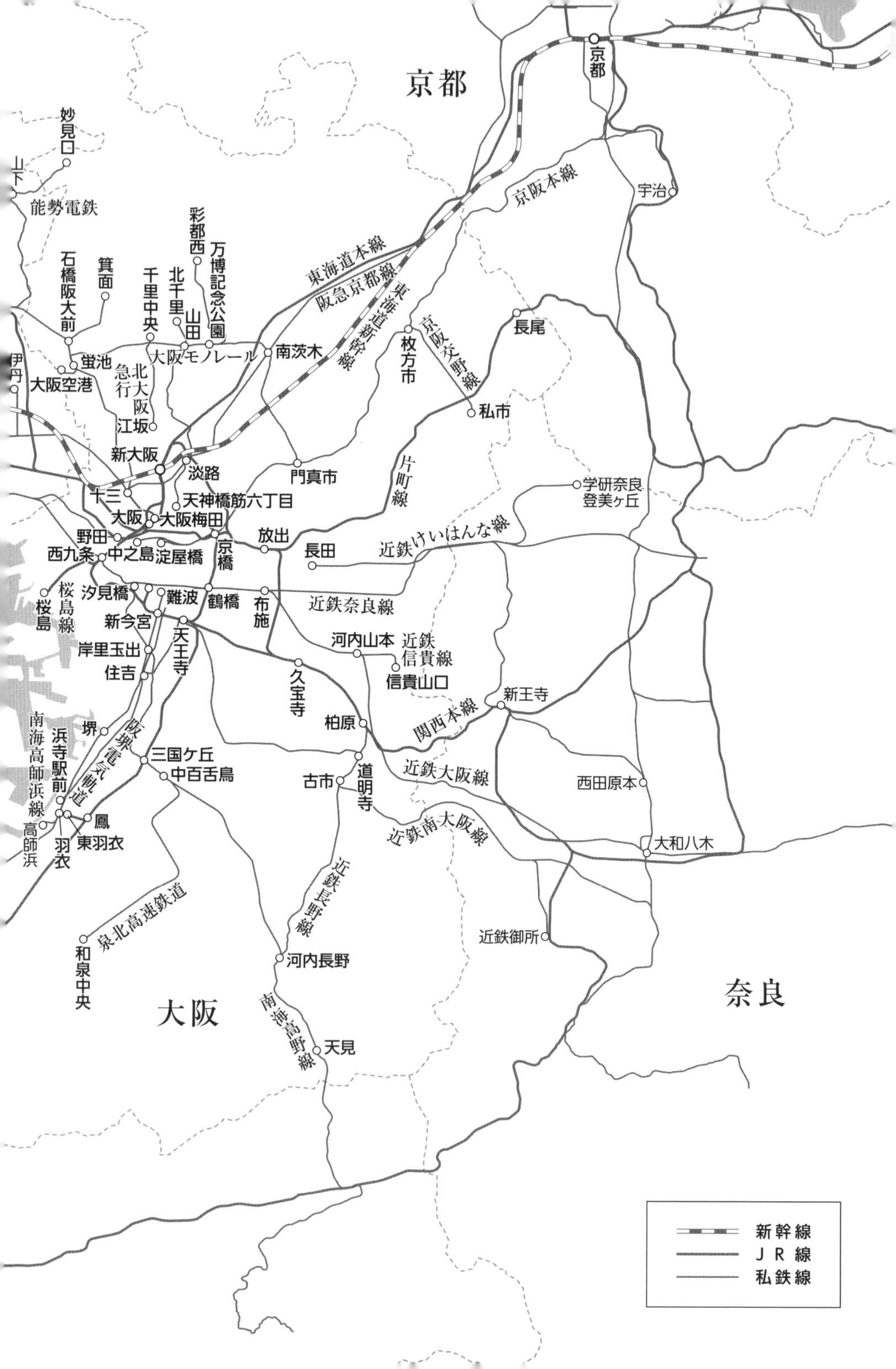
京都
京都
宇治
京阪本線
東海道本線
阪急京都線
東海道新幹線
妙見口
山下
能勢電鉄
彩都西
万博記念公園
箕面
石橋阪大前
千里中央
北千里
山田
南茨木
枚方市
京阪交野線
長尾
私市
伊丹
蛍池
大阪空港
大阪モノレール
北大阪急行
江坂
新大阪
淡路
門真市
十三
天神橋筋六丁目
片町線
学研奈良登美ヶ丘
大阪
大阪梅田
野田
西九条
中之島
淀屋橋
京橋
放出
長田
近鉄けいはんな線
桜島
桜島線
汐見橋
難波
鶴橋
布施
近鉄奈良線
新今宮
天王寺
河内山本
近鉄信貴線
信貴山口
岸里玉出
住吉
久宝寺
新王寺
堺
阪堺電気軌道
柏原
関西本線
南海高師浜線
浜寺駅前
三国ケ丘
中百舌鳥
道明寺
古市
近鉄大阪線
西田原本
鳳
高師浜
羽衣
東羽衣
近鉄南大阪線
大和八木
泉北高速鉄道
近鉄長野線
近鉄御所
和泉中央
河内長野
奈良
大阪
南海高野線
天見
新幹線
JR線
私鉄線

# 大阪の鉄道路線概略図

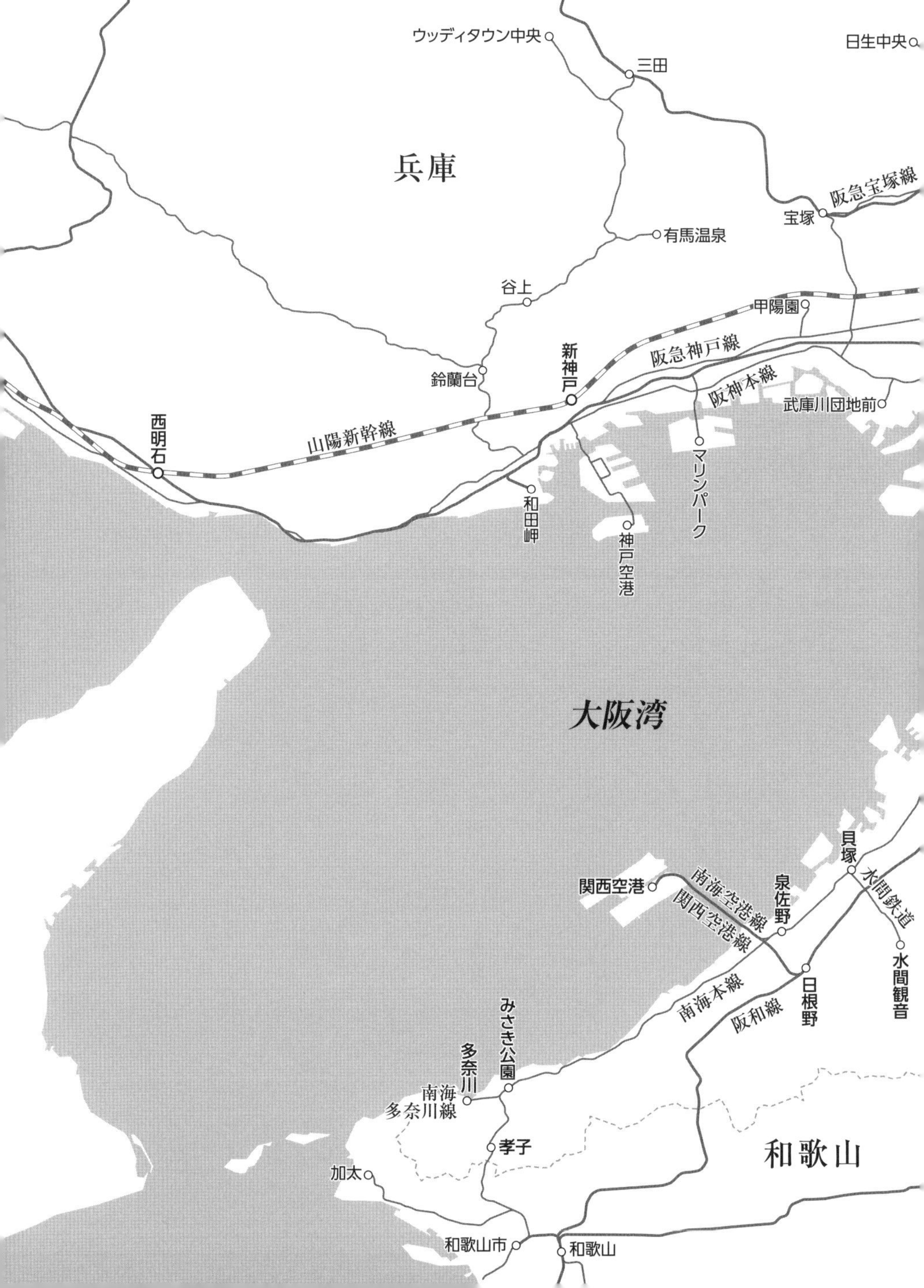
ウッディタウン中央
三田
日生中央
兵庫
阪急宝塚線
宝塚
有馬温泉
谷上
甲陽園
新神戸
阪急神戸線
鈴蘭台
阪神本線
武庫川団地前
西明石
山陽新幹線
マリンパーク
和田岬
神戸空港
大阪湾
貝塚
関西空港
南海空港線
泉佐野
水間鉄道
関西空港線
水間観音
日根野
南海本線
阪和線
みさき公園
多奈川
南海多奈川線
孝子
和歌山
加太
和歌山市
和歌山

大阪
御堂筋線
江坂
東三国
新大阪
西中島南方
十三
中津
大阪梅田
大阪
梅田
東梅田
西梅田
淀屋橋
本町
心斎橋
なんば
大国町
天王寺
昭和町
西田辺
長居
あびこ
北花田
新金岡
なかもず
東海道新幹線
阪急京都線
阪急千里線
おおさか東線
大阪環状線
今里筋線
井高野
瑞光四丁目
だいどう豊里
太子橋今市
清水
新森古市
関目成育
蒲生四丁目
鴫野
緑橋
今里
谷町線
大日
守口
千林大宮
関目高殿
野江内代
都島
天神橋筋六丁目
中崎町
南森町
天満橋
谷町四丁目
谷町六丁目
谷町九丁目
四天王寺前夕陽ケ丘
阿倍野
文の里
田辺
駒川中野
平野
喜連瓜破
出戸
長原
八尾南
京阪本線
門真市
長堀鶴見緑地線
門真南
鶴見緑地
横堤
今福鶴見
京橋
大阪ビジネスパーク
森ノ宮
玉造
松屋町
長堀橋
西大橋
西長堀
四ツ橋
肥後橋
中之島
阿波座
堺筋本町
北浜
扇町
日本橋
堺筋線
恵美須町
動物園前
天下茶屋
千日前線
桜川
新深江
小路
北巽
南巽
鶴橋
中央線
深江橋
高井田
長田
近鉄けいはんな線
片町線
放出
布施
近鉄奈良線
近鉄大阪線
関西本線
久宝寺
JR難波
汐見橋
今宮
新今宮
花園町
岸里
岸里玉出
玉出
住吉
南海高野線
阪和線
三国ケ丘
近鉄南大阪線
新幹線
JR線
私鉄線

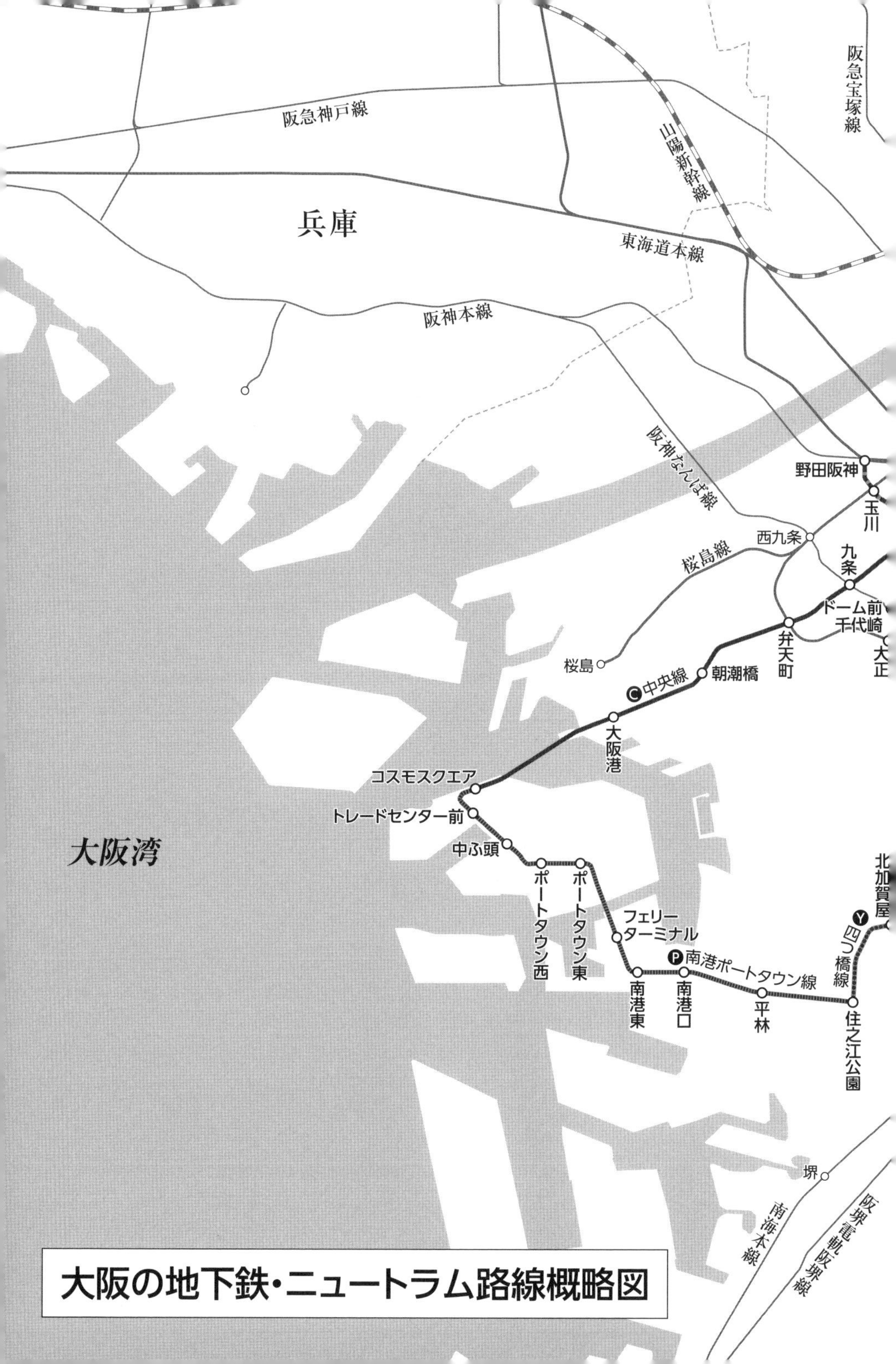


# 大阪の地下鉄・ニュートラム路線概略図

第1章

# 地域の歴史にまつわる駅の「謎」

## Introduction

# 大阪は「駅」の歴史がおもしろい!

鉄道駅は、その土地の地名を駅名としている割合が高いのが特徴だ。

地名の由来は、その起源を探ると大変に奥深く、時に千数百年も前へと歴史を遡り、その時代に生きた日本史上の人物にまで辿り着く場合もある。本章では、そんな歴史にまつわる「駅」の謎について探る。

飛鳥時代に活躍した「聖徳太子」。奈良時代の僧侶「行基」。戦国時代を勝ち上がり、大阪城を築いた「豊臣秀吉」。江戸時代最大の豪商と呼ばれた「鴻池善右衛門」。中学校の教科書にも登場するような歴史上の人物が、大阪の駅名のなかで今も息づいているのだ。

歴史に名を残した人々が、どんな思いを持っていたのか。地名の由来からは、そんな様子までうかがい知ることができる。

さらに、鉄道黎明期から現代に至るまで、鉄道に関わった人物や、過去のエピソードにも触れていく。

近鉄吉田駅の駅名標には、（中甚兵衛の碑前）と記されている

Osaka Metro 御堂筋線の工事で、埋蔵金が期待された淀屋の屋敷跡

# 天下茶屋駅 ◎てんがちゃやえき

南海電気鉄道高野線 [大阪市西成区]

## 天下人・豊臣秀吉が由来の駅名

天下茶屋とは何とも壮大な名前だが、そのような茶屋が本当に存在した。

大阪における〝天下人《てんかびと》〟といえば、大阪城を築いた「太閤《たいこう》さん」こと豊臣秀吉だろう。山崎の合戦で明智光秀を打ち負かし、織田信長亡きあと後継の地位を得、さらに織田家を掌握することで関白《かんぱく》へと出世。天正《てんしょう》一四年(一五八六)には太政大臣《だいじょうだいじん》を拝命して、戦国の世を統一した人物だ。

そんな天下人の秀吉が、大阪城から住吉大社への参拝や堺への往来の際、立ち寄って茶の湯を楽しんだ茶屋があり、いつしか「天下茶屋」と呼ばれるようになったという。

その呼び名は、四〇〇年という時を経た現代にも残り、茶屋のあった周囲の地名になっている。天下茶屋の駅名は、由緒ある地名から付けられたのだ。

もともとは千利休《せんのりきゅう》の師である武野紹鴎《たけのじょうおう》が、「天神の森」と呼ばれた森に、良い湧き水があるのを知り、森を開いて茶

天下茶屋の跡に建てられた碑と案内板

室を建てたことが事のはじまり。天神の森という呼び名も、やがて「紹鴎の森」と呼ばれるようになった。

その後、森の西側で茶屋を営む家があり、時代を経た天正時代に秀吉が通りかかった。茶をたてたのは、秀吉お抱えの茶人「千利休」である。利休は自分の師が愛した水に絶対の信頼があったのではないだろうか。秀吉はその味にいたく感動し、水に「恵水」の称号を与えた。

当時の茶屋そのものは、今は存在しない。しかし茶屋の跡は一部戦災に遭いながらも残されており、小さな広場に整備されている。趣のある住宅地にひっそりと佇む茶屋の跡には、一本の大きな楠が根を張り、当時を物語っているようだ。

最後に付け加えると、天下茶屋跡の最寄り駅は天下茶屋駅ではなく、一つ和歌山寄りの岸里玉出《きしのさとたまで》駅なので訪問の際にはご注意を。

# 淀屋橋駅 ◎よどやばしえき

Osaka Metro 御堂筋線 ［大阪市中央区］

## 地下鉄建設時に埋蔵金が期待された！

地下鉄御堂筋線が、大阪地下鉄の第一号線として最初に建設されたのは、梅田から心斎橋まで三・一キロメートルの区間。起工したのは昭和五年（一九三〇）一月のこと。当時の地下鉄工事は開削工法と呼ばれる、地表から掘り下げて、地下鉄構造物を造ったあとで埋め戻す建設方法が用いられた。

そんな土木工事が、ある大富豪の屋敷跡を通ることになった。関係者は掘り進めた地面深くより、「埋蔵金の大判小判がザクザクと出るのではないか」と色めき立ったという。

その場所とは、現在の御堂筋線淀屋橋駅の周辺。淀屋橋駅から地上に出た付近や、淀屋橋で土佐堀川を北へ渡った中之島界隈。

中之島は江戸時代に「天下の台所」と呼ばれた大阪の中枢で、旧淀川本流の中州に位置し、下流方には安治《あじ》川と木津川の分流点という水上交通の利便性から、諸藩の蔵屋敷が建ち並び栄えた。

この中之島を最初に開拓した人物が、初代「淀屋」の淀屋常安《じょうあん》。諸藩を相手に先物取引を始め、その後淀屋一族は莫大な富を得ることになった。中之島に架かる淀屋橋も淀屋が自前で架けたものであり、「淀屋橋駅」の由来にもなっている。

やがて代が継がれ、江戸時代中期の五代目、淀屋辰五郎(廣當《ひろまさ》)の頃になると、その繁栄ぶりは著しく、淀屋は「前代未聞の豪商」と呼ばれるまでに至った。

しかし「町人の分限を超え、贅沢な生活が目に余る」と、お上から目を付けられてしまう。全財産を没収され、大阪からも追放。「闕所《けっしょ》」と呼ばれる厳しい処罰となった。

地下鉄一号線のルートは、そんな淀屋の一万坪にも及ぶ屋敷跡にかかったのだ。没収から逃れようと、財産の一部を地下に埋めたのでは？　と考えられたのだろう。

ところが出土してきたのは、所在不明の未開栓のビールやサイダーなどのビン類。期待を裏切られた関係者は、しょうがなく栓を開けてビールやサイダーを飲んだという。

埋蔵金代わりに飲んだ、ビールの味は、さぞかし苦いものだったのでは？　と思いきや、なかなか美味しかったと伝えられている。

# 深井駅

◎ふかいえき

泉北高速鉄道泉北高速鉄道線［堺市中区］

## 僧侶が人々のために掘った井戸が由来

駅名の由来をあれこれ辿ってゆくと、様々なことがらに行き着く。土地の名士や豪商、地域に貢献した人物、その場所に残る伝説などなど……。

それぞれのルーツに出会い、時に感心し、時に驚く。「たかが駅名、されど駅名」、駅名一つにも深い世界があるものだ。

泉北高速鉄道線に深井駅がある。

奈良時代の僧侶「行基《ぎょうき》」が「人々のために深い井戸を掘った」という言い伝えが、この地域の地名となり駅名となったのだ。

堺で生まれた行基は、民間レベルでの仏教の布教活動が禁じられた時代に「民衆を救う」という仏教本来の姿勢を取り戻すべく、自ら寺を建立するなどして民間布教を続けた。また同時に開墾の奨励、溜池や灌漑の整備を進めるなどの社会事業も行い、広く人々の崇敬を集めたという。

行基が掘った井戸が、深井中町の外山家にあったものか、

中国語、韓国語も併記された深井駅の駅名板

あるいは深井清水町の善福寺にあったものかは判明つかぬままで、現在は両方とも埋められてしまった。

行基は聖武《しょうむ》天皇時代の天平《てんぴょう》一七年（七四五）、僧侶の最高位である大僧正を任じられ、東大寺の大仏建設の際には事実上の責任者となり活躍。八二歳という、当時では驚異的な大往生でこの世を去った。

深井駅のある泉北高速鉄道線は、南海高野線の中百舌鳥《なかもず》駅を起点に和泉中央駅までの一四・三キロメートルを結んでいる。一部は南海高野線と直通運転が行われ、交通の便が良い。

深井駅は昭和四六年（一九六一）の中百舌鳥から泉ヶ丘間開業の際に中間駅として設置され、行基由来の地名が駅名となった。

# 清児駅 ◎せちごえき

水間鉄道水間線［貝塚市］

## 親切な子どもの言い伝えが残る駅名

南海電気鉄道南海本線の貝塚駅から水間観音《みずまかんのん》駅を結ぶ、五・五キロメートルの路線が水間鉄道。

前項でも登場した奈良時代の名僧「行基《ぎょうき》」が創建したという、水間寺への参拝客輸送を目的に建設され、途中駅の名越《なごせ》駅まで大正一四年（一九二五）一二月二四日に開通ののち、翌年の一月三〇日に全線全通した。

そんな水間鉄道に乗り、起点の貝塚駅から四つ目、約六分で電車は清児駅に到着した。この駅もまた「難読駅名」の一つ。由来が知りたくなる駅名だ。

もともと水間寺（水間観音）と縁の深い水間鉄道であるが、この清児の名称も水間寺と切っても切れない関係にある。

病に苦しまれる聖武《しょうむ》天皇より、観世音菩薩を探す勅命を受けた行基が、たどり着いたのが当地。その昔、この辺りは想像を絶する山間部で、行基は道に迷ってしまう。

そこへ現れたのが一六人の子供たち。子供たちは餅をついて行基をもてなし、水間の里へ案内したという。これに行基は大いに喜び、「なんと心の清らかな稚児たちよ」と賞賛した。「清らかな稚児」から、やがて「清児」の地名になった。これが清児の由来である。

この付近には行基を敬って付けた「行」という姓が多いのだとか。

行基の伝説は畿内のみならず、温泉の開湯伝説などが、他の地方にも残されている。それを聞くたび、行基がスーパーマンだったのではないかと思えてくる。

難読駅のひとつ、清児駅の駅名標

# 鴻池新田駅 ◎こうのいけしんでんえき

JR片町線［東大阪市］

## 江戸時代に日本一の豪商だった鴻池由来の駅名

京橋からJR片町線に乗り一〇分ほど、停車した電車の車窓に「鴻池新田」の駅名標が見えた。周囲には全く田んぼは見当たらないが、青々とした水田が辺り一面に広がる風景を想像した。

「新田」は駅名のみならず、全国各地の地名に登場する名称だ。意味するものは読んで字のごとく、新規に開墾して造成した田んぼや農地のこと。江戸時代初期より食料増産を目的として、幕府のもとで奨励されてきた。

では鴻池とは何のことだろうか？

その答えは、大阪を代表する豪商「鴻池家」のことだ。鴻池家のルーツは、山陰地方を治めた戦国大名「尼子《あまこ》氏」の家臣、山中鹿之助（幸盛《ゆきもり》）といわれる。鹿之助の長男の新六（幸元）は商才に優れ、慶長《けいちょう》時代（一五九六〜一六一五）に酒造業で成功をおさめた。元和《げんな》五年（一六一九）に大坂内久宝寺町《うちきゅうほうじ》に店を構え、寛永《かんえい》二年（一六二五）には海運業などにも乗り出している。

鴻池新田駅の近くには、新田を開発した鴻池家が、新田の管理や運営を実施した鴻池新田会所が残されている。

## 鴻池新田駅

さらに後継者の正成《まさなり》は金融のノウハウを学び、大名屋敷の年貢米などの蔵物を担保に金を貸す、いわゆる「大名貸し」も始めている。正成は初代鴻池善右衛門を名乗り、鴻池の名は二代目之宗《ゆきむね》の時には、早くも大阪十人両替に名を連ねるほど知られるようになっていた。

ところが三代目鴻池善右衛門(宗利《むねとし》)の元禄時代(一六八八〜一七〇四)になると社会情勢が変化し、経済活動が停滞するようになる。

これを察知した三代目には先見の明があった。酒造業と海運業をやめ、事業を金融業と新田開発に集中する方針に転換。これが功を奏して鴻池家は江戸末期において莫大な富をなし、「日本の富の七分は大坂にあり、大坂の富の八分は今橋にあり」といわれるほどになった。今橋は鴻池の金融の本店と本邸があった場所だった。

上方落語の「はてなの茶碗」(江戸落語では「茶金」という お題目)には、鴻池家の富豪ぶりをうかがわせる一節が登場する。

京都でも有名な茶道具屋の目利きである金兵衛さん、人呼んで茶金さんが、清水寺・音羽の滝の茶店で手にした安い茶碗をしげしげと見つめ「はてな」と首を傾げたのが事の始まり。隣にいた油売りの男がその茶碗に値打ちがあると勘違いし、茶店の主人と喧嘩のすえ二両で奪い取るように譲り受ける。

男はさっそく茶金さんの店へ鑑定に行くも、傷もヒビも無いのに水が漏れるだけの茶碗だったと分かる。それでも男の身の内を知った茶金さんは、男に三両を渡し国へ帰るように促すが、油売りの男は「お借りします」と言い、お金だけを受け取って茶碗を置いて帰ってしまう。しかし茶金さんが出先の関白鷹司の前でこの話をしたところ興味を持たれ、この茶碗に一首詠み、さらには時の帝の箱書きまで添えられ、とんでもない値打ちが加わった。

そんな話題の茶碗を一〇〇〇両で買い取ったのが鴻池善右衛門。現在の貨幣価値に換算すると数千万円になるほどの金額を、水が漏れる茶碗に投じたことになる。

さて、当時の河内国《かわち》（現・東大阪市）で、鴻池家が新田開発したのには意味があった。当時は河川改修が盛んに行われ、付け替えで水流がなくなり湖沼となった三日月湖や、水位が低下して湿地となった場所が多く生じた。大阪の商人はその土地を買い取り、新田開発を進めた。

三代目鴻池善右衛門も、河川の付け替えにより、大和川と寝屋川の水辺にできた新開池と呼ばれる広大な土地の権利を買い取った。新田は宝永《ほうえい》四年（一七〇七）に竣工。河内、摂津《せっつ》、大和の国から入植者を募って新田事業がスタートした。同時に「会所《かいしょ》」とよばれる、新田経営の本拠地も建てられている。この鴻池新田会所は今も存在し、鴻池新田駅から徒歩数分で訪ねることができる。

当地に鉄道が開通したのは明治二八年（一八九五）だが、鴻池新田駅は明治四五年（一九一二）に地元の請願により簡易停車場として開業。その後、一二代目鴻池善右衛門により用地および駅の建築費用の寄付を受け、翌年駅に昇格した。

# 吉田駅 ◎よしたえき

近畿日本鉄道けいはんな線［東大阪市］

## 駅名に添えられた（中甚兵衛の碑前）とは

Osaka Metro 中央線は、東端の長田駅から、近鉄けいはんな線に乗り入れている。長田駅から二駅目が吉田駅。読み方は「よしだ」ではなく「よした」。そして駅名標のよみがなの下には（中甚兵衛《なかじんべえ》の碑前）とかっこ付きの文字が加えられている。果たしてこの「中甚兵衛」なる人物とはいったい何者だろうか？

前項でも登場した「鴻池新田」とも関係するが、中甚兵衛は大和《やまと》川の付け替え工事の中心的役割を果たした人物だ。

中甚兵衛が現在の吉田駅北側に位置する、東大阪市今米（当時の今米村）の庄屋に生まれたのは、江戸時代初期の寛永《かんえい》一六年（一六三九）のこと。

この時代、生駒山系から流れた大和川は、北へ大きく回り込み、久宝寺川（長瀬川）、玉櫛川（玉串川）などを分流。河内平野に湖や湿地帯をつくりながら、大阪城の北で旧淀川（大川）と合流した。流域は低地であったため、河内平野は度々洪水に見舞われた。加えて上流部の地盤がもろく、多量の土砂が流れ込んでくる。いくら堤防を頑丈にしても川底が上がり洪水のリスクが高まるなど、対策に苦慮していた。

そこで、大和川の流れを西に変え、堺方面の海へ向かわせる、新しい河川へ付け替える抜本的な改革案が、万治《まんじ》二年（一六五九）頃から出されていた。甚兵衛はその意志を受け継ぎ、河内各地の庄屋とともにこれを実現するために奔走する。

ところが、新河川筋の反対運動もあり、なかなか聞き入れてもらえない。付け替えの機運は下火になったり、水害が発生すると活発になったりを繰り返すなかで、甚兵衛は粘り強く嘆願を続けたという。

元禄《げんろく》一三年（一七〇〇）と翌年に大洪水が発生。今米村では一粒の米も収穫できない惨事に見舞われた。幕府は、甚兵衛を堤奉行所へ呼び実情を聞く。これによって元禄一六年（一七〇三）にようやく大和川の付け替えが決定、翌年に工事が開始された。

大和川の付け替え運動より四〇年以上、甚兵衛は普請御用として工事に携わったという。中甚兵衛顕彰碑は駅を出て北側、協和海運の脇道を入ってすぐの公園に建つ。

# 針中野駅

◎はりなかのえき

近畿日本鉄道南大阪線［大阪市東住吉区］

## 現在も営業する鍼灸院が駅名の由来

近鉄南大阪線で大阪阿部野橋駅から五駅目の針中野駅。いわくありげの駅名に途中下車。駅東口へ出て、さっそく目に飛び込んできたのが「針中野三丁目」の地名である。

この針中野の駅名は、現在も開業する鍼灸院「中野鍼灸《しんきゅう》院」を由来とする。

中野鍼灸院は、平安時代の延暦《えんりゃく》（七八二〜八〇六）頃より一子相伝を守り、当代で四四代目。一二〇〇年以上もの歴史を持つ鍼灸院なのだ。

もともとは平安初期に弘法大師が旅の途中で中野家に宿を借り、お礼として初代の治平に鍼術を教え、ツボを示す「遂穴偶像」二体と針を伝授したのが始まり。

それから数えて四一代目を継いだ新吉は、医師の資格を取得。鍼灸に西洋医学を取り入れたことで評判を呼んだ。新吉の居た明治後期には「中野鍼まいり」と称して、近畿各地から一日五〇〇人以上も治療に訪れるほどの繁盛ぶりだったという。

大正時代になると、阪堺電気軌道平野線（のちの南海平野線）が、鍼灸院から北の南港通に開通。平野停留所からの道案内用にと置かれた「道しるべ」が今も残る。

さらに近鉄南大阪線（当時は大阪鉄道）の建設計画を知った新吉は、自らの所有地を提供し鉄道建設に協力。周辺住民にも呼びかけて駅を誘致した。その結果、大正一二年（一九二三）の鉄道開通時に、設置された駅には「針中野」の名称が付けられた。

この時にはまだ、周辺の住所名にまでは至らず、住所表示が針中野になったのは昭和五〇年（一九七五）になってからだった。

道案内用にと置かれた「道しるべ」

# 安立町停留場

◎あんりゅうまちていりゅうじょう

阪堺電気軌道阪堺線［大阪市住吉区］

## 江戸時代の名医に敬意を表す駅

阪堺電気軌道は賑やかな住吉大社界隈を抜けると、道路との併用軌道から専用軌道の区間へ入る。専用軌道に入って二つ目が安立町停留場。

現在「安立町」という町名はないが、住吉区安立一丁目から四丁目という地名が残っている。

そんな安立一丁目から四丁目をつなぎ合わせると、南北に細長い形をしている。そしてその中心を貫いているのが紀州街道。もともと街道筋に発展したこの辺り、室町末期に街道が通った頃は「岸辺の道」といわれ、当時から白砂青松の景勝地だったという。

江戸時代初期の元和《げんな》年間（一六一五〜一六二三）、ここに住んでいたのが半井《なからい》安立だった。半井家一族は徳川将軍家に仕える御典医の家系にあり、安立も名だたる名医と呼ばれた。

そんな安立を訪ねて、近畿各所から治療に集まった人々が周囲に住み着き、一つの村落を形成した。その集落がや

名医の名が付けられた安立町停留場

がて「安立町」と名付けられた。

大正一四年（一八二五）四月一日、安立町は大阪市に編入され、住吉区の一部となったが、昭和四九年（一九七四）七月二二日、住吉区から分離して新たに生まれた住之江区へと編入され、現在は住之江区安立の住所となっている。

安立の所在地は住之江区となったが、安立町の名を残す阪堺電気軌道の安立町停留場は、東隣の住吉区清水丘の住所というから話がややこしい。

# 道頓堀停留場

◎どうとんぼりていりゅうじょう

大阪市電堺筋線［大阪市中央区］

## 市電黎明期に美人芸妓たちによる陳情があった！

大阪市電開業以前には、大阪市民の交通手段は人力車や巡航船などが利用された。特に明治三六年（一九〇三）から航行された巡航船は、市内を流れる幾つもの河川や堀の水路に船を巡らせて人々を運ぶもので、「水の都」大阪らしい都市交通だった。

巡航船発展の影で、文明開化とともに普及した人力車が姿を消し、その巡航船も、市電の拡充により役割を終えた。

大阪で最初の市電が開通したのは、巡航船の開業と同じ明治三六年で、その後、第二期線、第三期線と新たな計画のもと次々と開通していった。

その市電発達の状況を市民が歓迎するいっぽうで、立ち退きを迫られた沿道の人々からは反対の陳情もあったという。なかにはちょっと風変わりな陳情も……。

ある日、陳情に見えたのは、花街に生きる芸妓さんの一団だった。

格式高い花街と呼ばれた宗右衛門《そえもん》町。芸妓さんのなかには全国にその名を馳せる売れっ子も現れたほど。富田屋の八千代もその一人。「日本三名妓」の一人とまでいわれた美人芸妓として名高く、数々の伝説を残した人物だった。

ある日、大阪電灯に勤務していた当時一五歳頃の松下幸之助が、富田屋からヒューズの修理を依頼された。作業を終えて天井裏から出てきたところ、ちょうど八千代が茶菓子と祝儀を持ってきた。「まぁ、お気の毒」と声をかけられた松下幸之助は、埃だらけの顔を真っ赤にしていたという逸話も残る。

そんな八千代ねえさんも加わる色っぽい一団の陳情内容は、「市電が通ると花街が寂れてしまう」というもの。恐らく第三期線の計画で堺筋に市電が建設されようとした時代で、宗右衛門町の最寄りは道頓堀停留場ではないかと推測できる。

「お客を市電にとられると商売あがったりやわ」との色っぽい陳情に、関係者もタジタジだったとか。

道頓堀停留場は明治四五年（一九一二）に開業、昭和四一年（一九六六）に廃止になった。

# 本町駅 ◎ほんまちえき

Osaka Metro 御堂筋線［大阪市中央区］

## 大阪最初の地下鉄に、電車を入れた方法とは

「一番はじめの地下鉄は電車をどっから入れんでしょうね。あらかじめ間隔をあけて穴を掘って、電車を埋めといてから工事にとりかかるとか？　確かこの辺だったよなって」「それを考え出すと一晩中眠れなくなっちゃう」

ある年代以上の耳にはお馴染みの、春日三球・照代の地下鉄をネタにした漫才の一節。一九七〇年代後半に大ブレークし、ステージ上で春日三球が「地下鉄」と言っただけで会場に笑いが起こるほどの人気ぶりだった。

では漫才にあるように、大阪で一番はじめの地下鉄では電車をどのようにして入れたのだろうか？

大阪で最初の地下鉄第一号線（現在の御堂筋線）が開業したのは昭和八年（一九三三）五月二〇日のこと。当時の地下鉄工事は「開削工法」と呼ばれる、地面を掘り下げて、地下構造物を造ったあとで埋め戻す工法を採用。軌道や設備の工事が進んだ後で、電車を地下の線路に入れる作業が行われた。

『大阪市交通局90年のあゆみ』（大阪都市協会）には、その様子が写された一枚の貴重な写真が掲載されている。写真は淀屋橋から本町の間の御堂筋で撮影されたもので、現在のように移動式重機のクレーンではなく、鉄骨が〝やぐら〟状に組まれている。一対のやぐらの下で電車が地下へ下ろされる作業の準備シーンだ。

そして、同じページに掲載された、もう一枚の写真に驚かずにはいられない。それは、電車を地下へ入れる場所まで、電車が一般道路の上を通行するシーンで、現在では「陸送」と呼ばれる作業である。大型トレーラーなどは存在しないため、トラクターに加え、何人もの男たちが電車を載せた台車を引っ張っている。写真を良く見ると、男たちに交じり、綱を引く「牛」の姿も見える。

人力ならぬ牛力も使っていたのである。馬車鉄道というのはよく聞くが、大阪ではなぜ牛だったのか？「考えだすと、一晩中眠れなくなっちゃう？」

# 梅田駅 ◎うめだえき

Osaka Metro 御堂筋線 ［大阪市北区］

## 軟弱地盤で苦労した御堂筋線梅田駅の建設工事

土木技術が進歩を遂げた現代に比べ、まだ技術が未熟だった時代、大阪で最初に施工された地下鉄第一号線（御堂筋線）の工事は苦労の連続だった。

第一号線は昭和五年（一九三〇）一月二九日、御堂筋の平野町街頭で、起工式を盛大に挙行し着工された。この時代の工事は人海戦術が基本であるが、大阪の地下は「三メートル掘れば水が湧く」といわれる軟弱地盤。特に難工事を要したのが梅田駅と、堂島川、土佐堀川の川底を潜る「河底隧道」の区間だった。河底隧道の区間では川底に箱形のコンクリート構造物を沈めて埋設する方法が用いられた。

いっぽうメインターミナルの梅田駅は、用地買収が遅れた関係で、昭和八年（一九三三）五月の開業時には、現在の谷町線東梅田駅付近に仮設駅を設けていた。

梅田の本駅は、構内長二一七メートルのうち北部約一二〇メートルが、鉄道省（国鉄・JRの前身）の地下となるため同省が請け負ったという。

苦難の工事の末に完成したとは想像できない現在の梅田駅

残された部分のうち、南部約五〇メートルは昭和一〇年（一九三五）一〇月六日に完成し、仮設駅から二〇〇メートル移動して本駅が使用開始された。

問題なのが中央部約五〇メートル。この区間は特に地盤が悪く、昭和一一年（一九三六）二月一〇日には、ついに死傷者の出る大崩落事故が発生してしまう。

これを受け、鉄道省が請け負う北側の区間には、河底隧道のように潜函トンネルを使い、しかもトンネルの中の気圧を高めて埋設する「気圧潜函工法」で施工された。難航した中央部を含め、全体が完成したのは昭和一三年（一九三八）一一月になってからだった。

# 美章園駅 ◎びしょうえんえき

JR阪和線［大阪市阿倍野区］

## 駅名に残る、父への想い

駅名のなかには人名から名を受けるケースも多い。本章でも、江戸時代の豪商や名医、地域に尽くした人物などを由来としてとりあげてきた。関東地方でも、鶴見線の安善《あんぜん》駅などは安田財閥の安田善次郎の姓名から一文字ずつを取り、名付けられた駅名として知られている。

JR阪和線で天王寺駅から一駅目の美章園駅。この駅名もある実業家の名前に由来する。その人物名は山岡美章。金沢藩の士族出身である山岡美章は、大正年間に「美章土地株式会社」を設立し、現在の美章園周辺の開発を提唱した。

美章の長男、山岡順太郎は、のちに大阪商船の副社長や大阪鉄工所（日立造船の前身）の社長、大阪商工会議所の会頭を努めるなど、関西きっての実業家となった。父の会社である「美章土地株式会社」を受け継いだ順太郎は、やがてこの一帯の開発を行った。

JR阪和線の前身である阪和電気鉄道が、阪和天王寺駅（現・天王寺駅）と和泉府中駅間に開通したのは昭和四年（一九二九）七月のこと。そのほぼ二年後の昭和六年（一九三一）六月三日、阪和天王寺と南田辺の間に停留場が開設された。そして駅名には美章園の名が付けられた。実

際に開発を行ったのは息子の順太郎であったが、駅名に名を残すことで、父親への孝行が果たせたのかもしれない。

駅名は古いが、美章園が町名になったのは昭和二六年（一九五一）になったからだった。

美章園は高架駅。後方にはあべのハルカスがそそり立つ

# 天王寺駅◎てんのうじえき

Osaka Metro 御堂筋線［大阪市天王寺区］

## 大阪名物⁉「きっぷ売りのおばちゃん」

　一枚綴りの回数券は一〇枚の値段で売られているが、これを定価でバラ売りすれば、完売するごとに一枚分の収入を得ることができる。これに目を付けて収入源にしたおばちゃんたちが、御堂筋線の天王寺駅をはじめ、混雑する地下鉄ターミナル駅の通路や出入り口付近にたむろした時代があった。

　男性や若者も居たというが、たいがいは中年以上の女性で、彼女たちは「きっぷ売りのおばちゃん」と呼ばれた。

　出で立ちは白のエプロン姿が定番。エプロンにはたいがい大きなポケットが付いていて、その中には販売する回数券、売り上げ、釣り用の小銭が詰まっていた。手には軍手をはめ、指の間にバラした回数券を挟んで販売。回数券を数えやすいように、軍手の指先部分だけがカットされていたそうだ。

　もちろん駅には正規のきっぷ売り場や自動券売機もあったが、激しく混雑するラッシュ時などには、長い列に並んで買う手間が省けるので、割合に利用する者が多かったという。おばちゃんたちの商魂のたくましさのみならず、きっぷを買う側も、せっかちで合理的な大阪人気質という、需要と供給のバランスが生み出した商売だったのではないだろうか。最盛期には二〇〇人以上ものおばちゃんたちがこれを収入源にしていた。

しかし、回数券の本来の趣旨に反し、また普通券の収入減につながるなど問題視され、昭和四四年（一九六九）三月、回数券の切り離し無効の措置がとられた。きっぷ売りのおばちゃんたちは退場を余儀なくされてしまう。

大阪市交通局では、おばちゃんたちに対して一時見舞金を出すなどの手厚い措置をとったという。

インターネットの普及でネットオークションが一般的となった昨今では、廃止となる列車の指定券が高額で取り引きされるなど、現在でもきっぷの転売が話題になることがしばしば。転売に関しては、白黒つけがたい部分が多くありそうだ。

# 蛸地蔵駅 ◎たこじぞうえき

南海電気鉄道南海本線 [岸和田市]

## タコに救われた伝説の伝わる駅

難波駅から南海本線の特急サザンに乗り込むと、20分と少しで〝だんじり祭り〟で有名な岸和田に到着した。隣は駅名が奇妙な蛸地蔵駅。戦乱の世に岸和田城落城のピンチをタコが救ったのがその由来という。

「タコの格好をしたお地蔵さまが、いらっしゃるのかも知れない」と、想像力をかき立てながら蛸地蔵駅で下車。駅名の由来となった蛸地蔵が奉られているのは、駅から徒歩約一〇分の天性寺で、千亀利城と呼ばれる岸和田城趾も近い。

戦国時代末期の天正一二年（一五八四）、岸和田城が紀州北部を拠点とする、雑賀・根来の軍勢に攻め込まれた。織田信長をも苦しめたという彼らは、鉄砲も用いた強力な傭兵軍団。総勢三万という圧倒的な軍勢に、守るは城を預かる中村一氏と約八〇〇〇の城兵たち。

始めはよくしのいでいたが、いよいよ落城かと思われた時、大ダコに乗った一人の法師が現れた。法師は次々と敵をなぎ倒したが、そこは多勢に無勢、敵が勢力を盛り返してしまう。すると轟々と海辺が大きな音をたて、海から大ダコ、小ダコの大群が現れた。何千、何万というタコの口から吐き出す毒墨で敵がバタバタと倒れ、城が守られたのだという（当時、岸和田城は海岸沿いにあったが、現在は

踏切の安全を呼びかける

埋め立てにより海岸線が退いている）。

戦《いくさ》が終わりしばらくすると、お堀のなかから一体のお地蔵さまが発見された。矢や鉄砲玉の傷跡が無数に付いており、中村一氏は地蔵菩薩の化身として、城内に別殿を建立し丁重にお奉りした。

実はこのお地蔵さま、過去には賊軍によって海中に放り込まれたり、戦から守るために堀の中に埋められたりしたが、窮地になると現れて、岸和田城を守ったというのが蛸地蔵伝説の簡単な粗筋である。

文禄年間になり、お地蔵さまは天性寺の日本一大きな地蔵堂に移され、誰もが参拝できるようになった。

天性寺にタコの格好をしたお地蔵さまは存在しなかったが、蛸地蔵駅から続く蛸地蔵商店街には、マスコットキャラクター「たこじろう」のイラストが見られる。女の子版の「た～こ」も居るとか。また、別のタコのイラストが踏切の看板に描かれ、子どもたちの安全を守っていた。

大阪城公園駅の壁面を飾る、司馬遼太郎の文章「大阪城公園駅」

COLUMN・大阪の「駅」こぼれ話 1

# 壮大な歴史が壁面を彩る大阪城公園駅

JR 大阪環状線の大阪城公園駅は、昭和 58 年 (1983)10 月に開業した。「大阪築城 400 年まつり大阪城博覧会」に合わせてのオープン。新たにホームを設置した今宮駅を除き、駅そのものの建造としては、大阪環状線で最も新しい駅になる。

ホームから改札口を抜けてコンコースに出て振り返ると、改札口の上には、「おごそかなことに、地もまたうごく」から始まる、司馬遼太郎の文章「大阪城公園駅」がある。

現在の大阪の市街地が、八十《やそ》の州《しま》 ( 河内湖の水辺 ) であった時代より始まり、大阪城の築城、堀川が拓かれた江戸、明治維新、太平洋戦争での焼失と、大阪城を取り巻く歴史が文章で展開されている。

他の壁面には日本画家・西山英雄作の陶板壁画「なにわの精華」が彩りを添える。これらは駅開業を記念して制作されたもので、大変に贅沢な設《しつら》えである。

# 第2章

# 周囲の地形や環境にまつわる駅の「謎」

## Introduction

# 駅名は我が町の誇り？

第二章では、主に地形や環境にまつわる駅名について、その謎を探る。

駅が設置された場所の地名、周囲の地形や、ランドマークとなる名称や旧跡など、駅周囲の環境が駅とかかわってきた。

古代、日本の中枢を担っていた大阪の周辺では、地名が古墳や歴史ある寺院などと関連する場所もある。そして、古墳に関係するような場所では、話が四世紀まで遡る。

また、駅開業の際、隣り合う町同士が、我が町の名を駅名にすることを主張し合ったというケースも多くあった。それぞれ、どのような解決策がとられ、どのような結果になったのか。

他にも、ライバル会社との関係が残る駅名、沿線に遊園地開発を計画して駅名となった例や、地下鉄の壁面に描かれたデザイン文字に隠された、駅名の由来なども取りあげていく。

駅名変更を繰り返した阪急千里線の関大前駅

最終的に長い駅名になった地下鉄谷町線四天王寺夕陽ケ丘駅

# 関大前駅

◎かんだいまええき

阪急電鉄千里線［吹田市］

## 駅名を六回も変更した駅がある

人の名前は一生のうち何度も変わるものではないが、大阪には開業より六度も駅名を変更した駅がある。

阪急電鉄千里線、関大前駅である。

阪急千里線は前身となる北大阪電気鉄道が敷設、同社が千里丘陵に造成した住宅地へのアクセス路線だ。北大阪電気鉄道は大正一〇年（一九二一）に豊津《とよつ》から千里山までの一・七キロメートルを延伸開業し、この時に中間駅として設置されたのが同駅。最初は「花壇前」という駅名だった。

花壇前の〝花壇〟とは何か？　と不思議に思うが、これは北大阪電気鉄道が「桃の花見を楽しむことができるように」と創設した自然公園「千里山花壇」のこと。

しかし、二年後の大正一二年（一九二三）、北大阪電気鉄道は新京阪鉄道（現在の阪急電鉄の前身）へと経営母体が変わる。同社は敷地内に鉄骨で組んだ飛行塔、ボート池、小動物園などを増設し、自然公園を「千里山遊園」へ改名、これを受けて駅名も昭和一三年（一九三八）に「千里山遊園」

となった。

その後、戦時色が濃くなった昭和一八年（一九四三）、軍部より〝遊園〟の名称が不適当とされ、終戦後の昭和二一年（一九四六）まで、駅名とともに「千里山厚生園」と変更された。昭和二〇年（一九四五）に、遊園地は陸軍の施設（武器の保管施設）となったという。

戦後、「千里山遊園」の名が復活したが、ようやく再開された遊園地は昭和二五年（一九五〇）に利用客の減少により閉園となった。跡地には女学校が移転する予定があり、駅名は「女学院前」へ、四度目の改名となった。

ところが〝女学院〟の移転は実現せず、翌年には「花壇町駅」へと五度目の改名。さらに昭和三九年（一九六四）、約四〇〇メートル北にある大学前駅と統合され、「関大前駅」となり今に至っている。

改名すること実に六回。駅名変更の回数で日本ナンバーワンとなっている。

# 三国ケ丘駅 ◎みくにがおかえき

JR阪和線［堺市堺区］

## 旧国境を表した駅名

天王寺から阪和線の快速電車に乗り約一〇分で三国ケ丘駅に到着する。

駅名にある「三国＝三つの国」とはどこを指すのだろうか？

現在は大阪府となっている場所でも、かつては、おおまかに北西部が摂津国《せっつ》、東部が河内国《かわち》、南西部が和泉国《いずみ》の三つに分かれていた。

その摂津国住吉郡、河内国丹治比郡、和泉国大鳥郡が接する場所が、この三国ケ丘だったとされる。「三国山　こずえにすまふ　むささびの　鳥まつがごと　われ痩せむ」と万葉集にも詠まれているように、三国山、三国の衢《ちまた》と呼ばれていた。地名から推測すると、駅のある場所というよりは、駅から北方に広がる一帯を指しそうだ。

駅から一・三キロメートル北方に祀られる「方違神社《ほうちがい》」は、どの国にも属さない、方位のない清い土地とされ、菰《こも》の葉で境内の土を包んだ粽《ちまき》が、方災を除けるとされ神徳を仰ぐ

JR阪和線と交差する南海高野線の駅名板

人々が詣でている。

そんな三国ケ丘駅ではJR阪和線が南海電気鉄道高野線に接続している。岸里玉出《きしのさとたまで》で南海本線から分かれた高野線は、堺東から東に向けて大きくカーブを切り、直角に近い角度で阪和線の頭上を越える。

高野線が駅の南にある大仙陵古墳（仁徳《にんとく》天皇陵）を避けるように敷かれているのが興味深い。

ところで「三国ケ丘」の文字は、両鉄道会社とも駅名標に大きな「ケ」を用いているが、各会社のホームページなどでは南海が大きな「ケ」を、JRが小さな「ヶ」をと使い分けている。

# 藤井寺駅 ◎ふじいでらえき

近畿日本鉄道南大阪線［藤井寺市］

## 駅名・市の名称になってる藤井寺とは

大阪阿部野橋駅から奈良県の橿原《かしはら》神宮前駅を結ぶ近鉄南大阪線。準急電車で大阪阿部野橋駅から一五分ほどで藤井寺駅に到着する。

駅名はもとより、市の名称にもなっている藤井寺とはどのようなお寺なのだろうか。

藤井寺は地元にあるお寺の葛井《ふじい》寺に由来するという。葛井寺は七世紀後半に古代氏族であった葛井氏の氏寺として建立された。当時は各地の氏族が競うように氏寺を建立したのだという。ご本尊は十一面千手観世音菩薩坐像。大阪府唯一の天平時代の仏像として、昭和一三年（一九三八）に国宝に指定された。

また豊臣秀頼《ひでより》が寄進したという四脚門《しきゃく》は、桃山様式をよく伝える建物として、国指定の重要文化財になっている。

そんな有難い葛井寺を拝観後は、辛國《からくに》神社の境内を通って西へ。

野球が今より盛んだった頃に少年時代を過ごした世代に

藤井寺の由来となった葛井寺

とって、藤井寺といえば、近鉄バファローズの本拠地「藤井寺球場」があった場所として親しみがある。

藤井寺球場は選手と観客の距離が近い球場だったといわれる。スタンドから放たれた河内《かわち》弁のヤジが、外野を守る選手によく届いたそうだ。

ある日、「こっち来て一緒に食べんかい」と観客から声をかけられた外野手が、振り返ればスタンドで焼き肉を焼いて食べていたというエピソードも残るほどだ。

球場は一軍が大阪ドームに本拠地を移すなどで、平成一七年（二〇〇五）に閉鎖、翌年八月に解体された。跡地には学校が入り、外野のあった場所にはマンションが建っている。

# 土師ノ里駅
◎はじのさとえき

近畿日本鉄道南大阪線［藤井寺市］

## 御陵に挟まれた駅がある！

大阪阿倍野橋から橿原神宮前を目指し、藤井寺付近では東西方向に走る近鉄南大阪線だが、藤井寺を出て西名阪自動車道を潜ると、大きくカーブを描くようになる。

地図を広げると、最初に大きく北へカーブする場所には中津山古墳（皇后仲姫命仲津山陵《なかつひめのみことなかつやまのみささぎ》）がある。中津山古墳を避けるように北側へ回り込むと、北には市野山古墳（允恭《いんぎょう》天皇恵我長野北陵《えがのながののきたのみささぎ》）があり、もう一度西へ進路を変えている。そこに、ちょうど大型の前方後円墳に挟まれるように土師ノ里駅が置かれている。

この辺りは古市《ふるいち》古墳群と呼ばれ、西に接する百舌鳥《もず》古墳群と合わせると、大小およそ二〇〇基もの古墳が、四世紀後半から六世紀前半にかけて盛んに造られた地域だ。現在も八九基の古墳が残されており、ユネスコの世界文化遺産に登録されている。

土師ノ里の駅名は、そんな歴史ある古墳と関わりが深い。古墳築造時に一緒に埋葬されたり、古墳の周囲に配されたりした副葬品の「埴輪《はにわ》」。その埴輪製造の仕事をした土師《はじ》氏の名字を由来とする。

埴輪を造ることから「はにし」、これに「土師」の漢字を当てはめ、やがて「はじ」と呼ばれるようになったという。

これだけ古墳が多いのだから、当時は相当に栄えたのだろう。しかし古墳時代が終わると仕事が縮小。土師氏の一部は天皇の許しを得て、学問を司る氏族、菅原氏と大江氏になる。学問で有名な菅原道真などは土師氏の家系なのだ。

現在では土師の地名は残されていない。駅前の交差点に「土師の里」の呼び名が残るのみである。

# 四天王寺前夕陽ケ丘駅

◎してんのうじまえゆうひがおかえき

Osaka Metro 谷町線 ［大阪市天王寺区］

## かってはかっこの付いた駅名があった

Osaka Metro 谷町線には二つの地名を合わせて一つにした駅名が多い。太子橋今市《たいしばしいまいち》、千林大宮《せんばやしおおみや》、関目高殿《せきめたかどの》、野江内代《のえちんだい》、四天王寺前夕陽ケ丘、駒川中野《こまがわなかの》、喜連瓜破《きれうりわり》。なんと二六駅のうち七駅という高い割合である。

天王寺の北隣、四天王寺前夕陽ケ丘駅もその一つ。

今から千四〇〇年以上も昔、推古《すいこ》天皇元年（五九三）、聖徳太子により建立されたといわれる四天王寺と、駅の所在地である夕陽丘町の二つの複合となっている。

しかし、この複合した駅名は、谷町線（当時は第二号線）が昭和四三年（一九六八）、谷町四丁目から天王寺との間に延伸開業する二か月前には、「四天王寺前」という駅名になると正式発表された。

四天王寺の南門へは、谷町線の駅から徒歩五分ほどで、それほど近くはない。また開業以前には「夕陽ケ丘」の駅名になるといわれたこともあり、この発表に近隣住民から多くの陳情が寄せられたという。

開業前に出された「夕陽ケ丘」の駅名が噂にすぎなかったのか、それとも途中で変更されたのかは定かではないが、当時の大阪市交通局ではこれを受けて「四天王寺前（夕陽ケ丘）駅」と駅名に（）を付けることで対応した。

ところで夕陽丘のような○○丘と聞くと、郊外に造成されたニュータウンを思い浮かべる。しかし、各地の地名の由来に詳しいノンフィクション作家・谷川彰英《たにかわあきひで》氏の著書によれば、この地の夕陽丘は由緒あるものだという。平坦な地形が多い大阪において、この辺りは傾斜地になっているのだそうだ。

実際に夕陽丘町付近に行ってみると、谷町線が地下を通る谷町筋から西側は、西へ下る坂が多い。坂の向こうは夕陽が落ちる大阪湾で、途中に遮る物がない。つまり昔から海に沈む夕陽が美しく見られた場所だったのだろうと推測できる。

鎌倉時代『新古今集』の編纂に携わった藤原家隆は、この地に小さな庵を建てて住んだ。その名も「夕陽庵《せきようあん》」。これが当地「夕陽ケ丘」の由来でもある。

# 関目高殿駅

◎せきめたかどのえき

Osaka Metro 谷町線 ［大阪市旭区］

## 車内放送の連呼で変更になった駅名

地名を組み合わせた駅名でよくあるのは、旧国名＋ローカルな地名の組み合わせだろう。関東でいえば「武蔵○○駅」に代表されるが、大阪の駅名では、JR阪和線の南方に「和泉○○駅」が多い程度で、あまり見当たらない。

それよりも、前項の「四天王寺前夕陽ケ丘駅」でも取り上たように、二つの地名を並べて一つの駅名にしたケースが多い。

大阪駅や梅田駅との接続駅になる東梅田駅から数えて五つ目の「関目高殿駅」も、二つの地名を合わせた駅名だ。関目高殿駅は、谷町線が都島から守口へ延伸した、昭和五二年（一九七七）四月六日に開業している。

開業時の駅名は単に「関目」だった。しかし、駅は城東区の関目と旭区の高殿の境界にあるうえ、高殿が駅の所在地。これに対し自治体からの要望が出され、車内放送では「関目、関目」と連呼したあとに、「高殿」を加えてアナウンスされたという。

かつてあった（ ）がとれた関目高殿駅の駅名標

さらにその後も要望は続き、四天王寺前夕陽ケ丘駅と同様に、駅名の関目の後ろに（高殿）がかっこ付きで入るようになった。アナウンスは「関目、高殿、関目、高殿」と、かっこの中も一緒に連呼された。

やがて平成九年（一九九七）八月二九日に、長堀鶴見緑地線が大正と門真南《かどまみなみ》へ延伸開業した際、駅名が、かっこのとれた「関目高殿」へと変更され、現在に至っている。

住民の地元愛が、粘り強い交渉を続けさせてきたのだろう。やはり、かっこの付いた駅名は、あまりカッコ良いものではない。

# 西中島南方駅

◎にしなかじまみなみがたえき

Osaka Metro 御堂筋線 ［大阪市淀川区］

## 二つの地名を合わせた駅名の発祥の地

駅名のなかで、近隣にある二つの地名を合わせたものを使用する例は案外多い。前項の「四天王寺前夕陽ケ丘駅」「関目高殿駅」でもその経緯を取り上げたが、Osaka Metro の前身となる大阪市交通局で最初のケースとなったのが、西中島南方駅である。大阪どころか「日本で初めて」という説もある。

当時はまだ第一号線の名称だった御堂筋線が、梅田から北を目指し新大阪まで延伸したのは、東海道新幹線が開業する一週間前の昭和三九年（一九六四）九月二四日のこと。この同じ日に西中島南方駅が開業した。

梅田駅の隣駅、中津駅から少し走ると、電車は地下区間を抜け出る。新御堂筋に挟まれながら、広々とした空を眺めて淀川を渡ると、間もなく西中島南方駅に到着する。駅周辺の住所を見ると、付近一帯は新大阪駅も含めて「西中島」の表示である。

それに対する「南方」の名称は、御堂筋線と交差する阪

平仮名でもローマ字でも字数の多い駅名表

急京都線の南方駅があるくらいだ。

実は「南方」の名称は昭和四九年（一九七四）まで、この地に南方町の地名として存在していた。東淀川区から淀川区が分かれた際、住所表記の変更があり、南方町の地名が消えてしまったのだ。

駅が設置された時にはまだ両方の地名が存在しており、阪急の駅と同じ「南方駅」にする案と、広域な地名である「西中島」にする案が出された。

何度か協議されたが、両案とも譲らずに、最終的には現在の「西中島南方駅」という合体するネーミングで決着した。

その後も同様の事態が他でも発生することとなるが、駅名の綱引きは、この駅が発祥の地となった。

# 恵我ノ荘駅

◎えがのしょうえき

近畿日本鉄道南大阪線［羽曳野市］

## 戦国時代以前の荘園の名前が残る駅

大阪には歴史と深く結びついた地名が多く、その地名が駅名となっているケースも多々ある。近鉄南大阪線の恵我ノ荘駅もその一つ。歴史の授業でも習う「荘園」だった場所の名残である。

八世紀はじめの大宝《たいほう》元年（七〇一）に出された大宝律令により、律令国家が形成され、和銅《わどう》三年（七一〇）奈良の平城京を都とした。

貨幣や道の整備など、国土を治める様々な制度が実行され、天平《てんぴょう》一五年（七四三）には、食料の増産を目的に墾田永年私財法が朝廷によって出される。

この制度は、新たに開墾した土地の私有を永年にわたり認めるもの。

貴族や寺院などの土地の有力者たちは、農民を使って開墾を行い、また墾田を買い取るなどして私有地を拡張した。これらの私有地管理の事務所や倉庫を「荘」、有力者たちの土地は「荘園」と呼ばれるようになった。

奈良時代からの長い歴史をもつ地名である恵我ノ荘

羽曳野《はびきの》市の北西に位置する「恵我之荘」は、平安時代に発展した荘園があったとされる。当時は松原市の一部も含め、会賀荘、会賀牧とも呼ばれる後院領《ごいんりょう》（皇室管理の土地）で、住人は牛を飼育して皇室に貢進、皇室の領内に住まうことに誇りを感じていたようだ。他の荘園などに比べて優越感を持っていたとも伝わる。

いっぽう「恵我」の由来は諸説あるが、日本書紀に「餌香」とも書かれている。付近の古市《ふるいち》には「旨酒《うまさけ》、餌香の市」と称された市場がたち、良い酒の香りの「吉香《えが》」から変化したという説もある。

近鉄南大阪線の駅名「恵我ノ荘」に、線路北側の地名は「恵我之荘」と表記は違っているが、平安時代に由来した地名が残るのは意味深いことだ。

# 我孫子道停留場

◎あびこみちていりゅうじょう

阪堺電気軌道阪堺線［大阪市住吉区］

## 観音様の名前から命名された駅

大阪の中心より南へ向かう鉄道のうち何本かの路線で、大和川《やまとがわ》を渡る手前に「我孫子」の付いた駅名が並んでいる。

東から順に、Osaka Metro 御堂筋線の「あびこ駅」、JR阪和線は「我孫子町駅」、南海高野線では「我孫子前駅」、そして阪堺電気軌道は「我孫子道停留場」の名称だ。

この「我孫子」とは、住吉区にある日本最古の観世音菩薩「あびこ観音」のことだ。正式には吾彦山大聖観音寺の名称。古代、当地で勢力を誇った依網吾彦《よさみのあびこ》一族が、百済《くだら》より贈られた身の丈一寸八分の小さな観音を信仰したことに由来する。

欽明《きんめい》天皇七年（五四六）、この地に寺院を建立。これを開基としている。推古《すいこ》天皇一四年（六〇六）に聖徳太子《しょうとくたいし》が訪れた際、観音菩薩のお告げを受けて「吾彦山観音寺」を建てたという。

元和《げんな》元年（一六一五）、大坂夏の陣では、真田幸村（信繁）に追い詰められた徳川家康が逃げ込み、本堂の須弥壇に隠

阪堺線の我孫子道行きの電車

れて一命を取り留めたというエピソードも残る。のちに家康はお寺を建て直すなど手厚くお礼をした。江戸時代には境内に三六もの子院が建立され、皇室や大名などから厚く信仰を受けるなど隆盛をきわめた。

それほど高名な観音様だから、駅名に冠されても当然ではあるが、阪堺電気軌道の我孫子道停留場からは直線距離で二キロメートルほど離れている。

いくらなんでも、観音様に頼るのも度が過ぎる……と思い、それぞれの開業年を見ると、御堂筋線あびこ駅は昭和三五年（一九六〇）、阪和線我孫子町駅は昭和五年（一九三〇）、高野線我孫子前駅は大正元年（一九一二）、阪堺線我孫子道停留場は明治四十四（一九一一）年と、遠くなるに従い開業年が古い。明治後期には、他に駅が無かったのだから、阪堺線が「我孫子」を名乗っても何の不思議もなかったのだろう。

# 御陵前停留場

◎ごりょうまえていりゅうじょう

阪堺電気軌道阪堺線［堺市堺区］

## 御陵前を名乗っているけど御陵は遠い

阪堺電気軌道阪堺線の軌道は、綾ノ町《あやのちょう》停留場で専用軌道から併用軌道に入る。併用軌道といっても少し特殊なスタイルで、堺市を北東から南西に横切る紀州街道（大道筋）の真ん中に軌道が堂々と敷かれている。「センターリザベーション」と呼ばれるもので、クルマなど一般車両の乗り入れを禁止しているので、専用軌道に近い状態だ。

幅員五〇メートルのこの大道筋は、昭和二〇年（一九四五）の堺大空襲で受けた被害からの復興事業として拡幅された。昭和三二年（一九五七）に、阪堺線が現在のように道路中央に移されている。

そんなセンターリザベーション式の併用軌道が終了する南西の端に「御陵前停留場」がある。「御陵」とは天皇、皇后、皇太后、太皇太后のお墓、陵《みささぎ》のこと。ここでいう御陵とは、百舌鳥耳原中陵《もずのみみはらのなかのみささぎ》、通称「仁徳天皇陵」と呼ばれる日本最大の古墳のことだ。

周囲を取り囲む濠を含めた面積は、およそ四六万平方メー

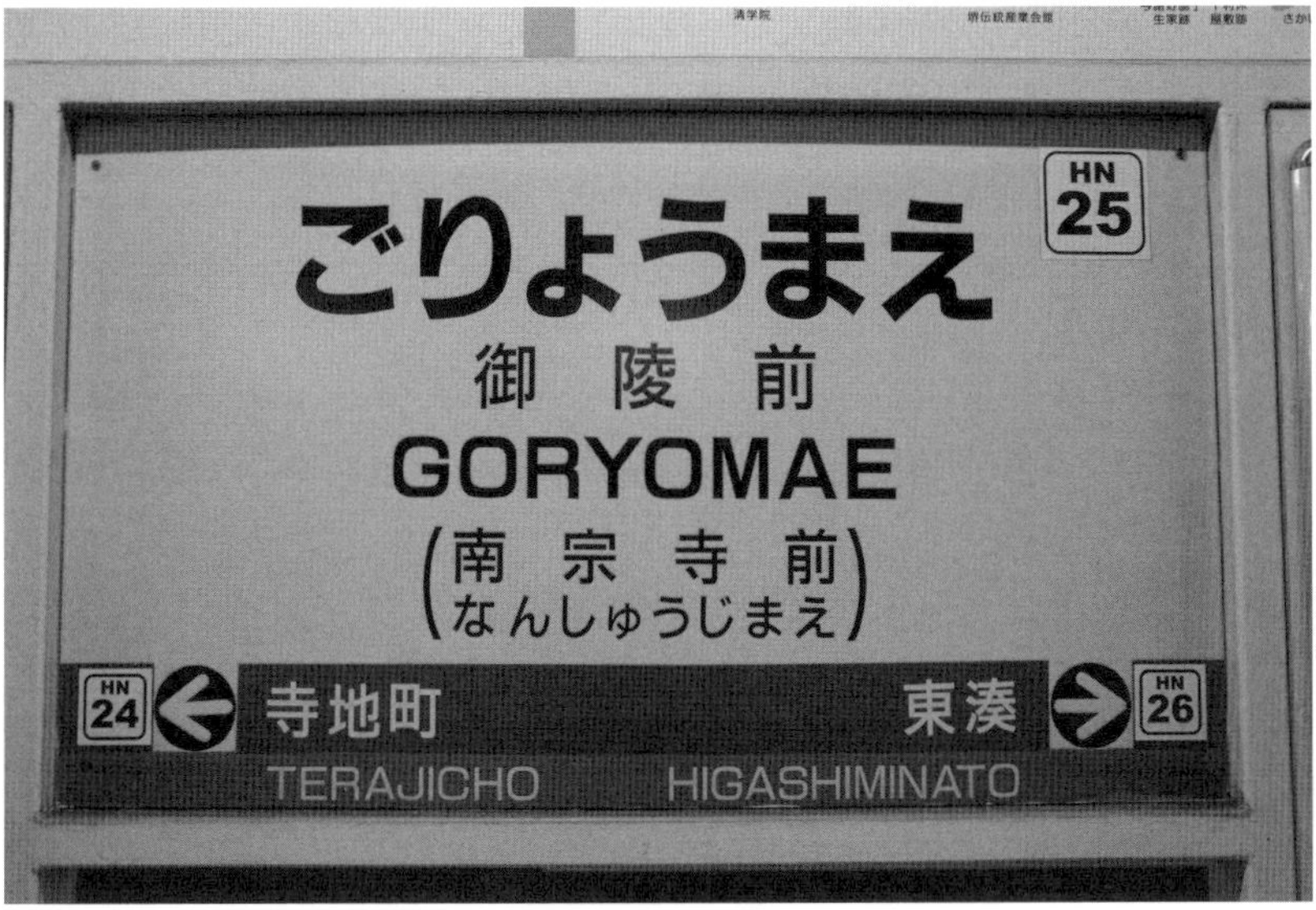


御陵前の駅名標

トル。南北の全長は墳丘の長さで四八六メートルあり、これはエジプト・クフ王のピラミッドよりも大きいという。高さは後円部で三五・八メートルある。

しかし阪堺線の停留所は、御陵の「前」と呼ぶには遠く、御陵前停留場から御陵まで約二キロメートルある。JR阪和線の百舌鳥《もず》駅の方が約四〇〇メートルと近い（百舌鳥駅も開業時には仁徳御陵前停留場の駅名だった）。

それでも「御陵前」を名乗る理由は、前項の「我孫子道《あびこみち》停留場」のケースに近い。今でこそ御陵の周囲には民家が密集しているが、これは戦後になって宅地開発が進んだ結果のこと。阪堺線が敷かれた当時は御陵に最も近い駅（停留場）だった。

田園風景の向こうに、小山のような御陵の姿が見渡せた時代を思い浮かべてみた。

# 我孫子駅

◎あびこえき

Osaka Metro 御堂筋線［大阪市住吉区］

## 正式な駅名表記は漢字・平仮名、どちら？

Osaka Metro 御堂筋線のうち、「なんば」「あびこ」「なかもず」の三駅は、駅名標が平仮名で表記されている。では、正式な駅名は平仮名なのか、それとも漢字なのか？　そこを知りたくなるのが鉄道ファンの性というもの。

正解は、「難波駅」「我孫子駅」「中百舌鳥駅」と漢字で書くのが正式な駅名、きっぷの表記はいずれも漢字で表記される。ではなぜ、駅名標だけ平仮名で表記するのか？　次の疑問が湧いてくる。

一番の理由は「読みやすさ」にある。

Osaka Metro の前身である大阪市交通局では、市電運行時より見えやすさを考え、行き先の表示に工夫していた経緯がある。ただし、当時は平仮名にしたのとは違い、停留場の長い名称を短縮するというもの。

例えば、上本町六丁目を「上六」、谷町九丁目は「谷九」、日本橋一丁目にいたっては「日本一」と表示されていた。〇〇〇丁目など、文字数が多い駅名（停留場）を省略表記することで、電車の行き先が分かりやすくなり、逆に電車に表記された呼び方が、市民の間に定着した面もあるといわれる。

ただ、よそから訪れた人は、「上六」という地名が本当にあるものだと思い、「じょうろくってどこへ行くの？」と、車掌に行き先を確認する場面も多かったようだ。

我孫子駅のケースは、この駅が開業した昭和三五年（一九六〇）七月から、昭和六二年（一九八七）四月に中百舌鳥へ延伸するまで、二七年間も終着駅だった事情もある。

終着駅ゆえに、電車の先頭や側面に行き先が表示されるため、読み方の難しい「我孫子」をひらいて「あびこ」と表記、駅名標などもこれに合わせて表記された。

そもそも我孫子駅の駅名の由来は、前々項「我孫子道停留場」でも紹介したが、日本最古の観音霊場である「あびこ観音寺」（正式には大聖観音寺）。当駅から徒歩三分と「我孫子」の付いた駅のなかでは、あびこ観音寺に最も近い。

# 東岸和田駅 ◎ひがしきしわだえき

JR阪和線［岸和田市］

## JR阪和線には「東」が付く駅が多い

天王寺と和歌山を結ぶJR阪和線の快速電車に乗り、天王寺駅から約三〇分で東岸和田駅に到着した。東岸和田駅の次は東貝塚駅で、和泉橋本駅を挟んで東佐野駅がある。この辺り「東」の付く駅名が連続する。

阪和線は前身の阪和電気鉄道が昭和五年（一九三〇）六月一六日、和泉府中から阪和東和歌山（現・和歌山駅）へ延伸。阪和天王寺（現・天王寺）から阪和東和歌山間六一・三キロメートルを全通させた。

東岸和田駅は、その中間駅として開業。初めは土生郷《はぶごう》という駅名だったが、二年後の昭和七年（一九三二）に阪和岸和田駅に改称された。

現在の駅名になったのは、戦時中の昭和一五年（一九四〇）一二月一日のこと。隣の東貝塚駅も同じ日に阪和貝塚駅から改称している。

この日は阪和電気鉄道が南海鉄道（現・南海電気鉄道）に吸収合併された日で、駅名に「東」を付けたのは、並行する南海本線の駅と区別するための措置だった。阪和電気鉄道の路線は「南海山手線」という線名に変更された。

それまで阪和間の輸送で、独占的な地位にあった南海鉄道に対向して敷かれた阪和電気鉄道は、南海鉄道との壮絶なライバル争いを繰り広げたことで知られている。

建設計画時より高速運転を意識し、ルートは南海本線に比べ東寄りの山手に直線的に建設。設備面でも南海より高い、直流一五〇〇ボルトで電化し、高出力の電車を投入するなどした。

その結果、スピードの速さは抜群で、阪和天王寺から阪和東和歌山間を停車駅なしの四五分で結ぶ「超特急」を運行し、表定速度、時速八一・六キロメートルという国内のスピードレコードを樹立した。

さて、現在の阪和線が南海の路線だったのはわずか三年五か月ほど、昭和一九年（一九四四）五月一日には国有化されて、省線（のちの国鉄、現・JR）阪和線になった。阪和線の「東」の文字は、南海の一路線だった時代の名残を伝えている。

# 西三荘駅◎にしさんそうえき

京阪電気鉄道京阪本線［門真市］

## 水路名からとった駅名

西三荘駅の歴史は比較的新しい。京阪本線が大阪の天満橋《てんまばし》駅と京都の五条駅（現・清水五条駅）間を開業したのが明治四三年（一九一〇）四月一五日。これに対して西三荘駅が開業したのは昭和五〇年（一九七五）三月二三日になってからだ。

この駅は、路線の高架化に伴って設置されたもの。もともと約二〇〇メートル東の地上にあった門真《かどま》駅を、西の高架上に移転するかたちとなった。

しかし、移転先の場所が物議を醸す結果になった。ちょうど守口市橋波東之町《はしばひがしのちょう》と門真市元町に跨がるように駅が置かれたのだ。

門真市が「西門真駅」の案を出せば、守口市側は「東守口駅か橋波駅」と提案、両市による綱引きが始まった。

それ以前、事業者である京阪では「松下前」という仮の名称で呼んでいた。駅のできる場所は松下電器（現・パナソニック）のお膝元でもあるのだ。しかし、開業を控えて

西三荘が水路名とは気づきにくい

「やっぱり、一企業名を駅名にするのはどうか……」との意見に変わる（とは言いながらも、西三荘駅での開業後も、車内放送では「次は西三荘、松下前です」と工場へ通う通勤者向けにアナウンスされたこともあった）。

そんな両市の攻防戦のなかで、京阪側は「橋波元町駅」と、二つの地名の合体案を提出。しかし、さすがにこれでは納得がゆかず、最終的には駅の下を流れる西三荘水路からとった「西三荘駅」の駅名で一件落着した。

この駅名が決定した時、「松下幸之助さんの別荘でもあったんちゃうの？」と言う人もいたとのこと。

水路名である西三荘の「荘」は別荘ではなく荘園を表すもので、戦国時代末期に三つの荘園を潤した水路だったという。

# 香里園駅 ◎こうりえんえき

京阪電気鉄道京阪本線［寝屋川市］

## 風流な地名を駅名にした

香る里と書いて「こうり」、香里園とは何とも風流な地名だ。京阪本線にある香里園駅へは、京橋駅から快速急行で一四分ほど。駅は寝屋川市の北端に位置し、枚方《ひらかた》市の南端と接する。駅周囲の住所表記は両市ともに「香里○○町」や「香里園○○町」の名称が多いが、駅東口を出て通りを渡った右手一帯の住所は、「郡元町《こおりもとまち》」になっている。実はこちらの「郡」が「香里」よりも先だった。

江戸時代、ここは郡村《こおりむら》と呼ばれ、明治二二年（一八八九）に友呂岐《ともろぎ》村に編入された際、「郡」が大字《おおあざ》として残された。

やがて京阪電気鉄道により鉄道が敷かれる計画が出される。鉄道が通る「郡」は、丘陵東側という眺めのよい場所のため「ここに遊園地を造り、人々を呼び込もう」と、関係者らによって協議された。鉄道開通の三年前、明治四〇年（一九〇七）一二月には規約を作り、周囲の地主約六〇名の署名が集まった。賛同者たちは私費を投じ、予定地に桜の苗を植えた。その数は七五〇〇本にも及ぶといわれている。

さて、遊園地を造成するにあたり、遊園地の名称についての話し合いがあった。

「郡遊園地」も良いが少しパッとしない。そこで手本になったのが同時期に阪神電気鉄道が運営した「香櫨園《こうろえん》」。その名称をヒントに、郡と同じ音に「香る里」の字を当てて「香里」とし、遊園地の名称は「香里遊園」に決定した。

明治四三年（一九一〇）、鉄道開通とともに香里遊園が開園、同時に開業した京阪の駅は「香里駅」となった。同年の秋には遊園地内で「菊人形展」を開催して人気を博したが、香里遊園は大正元年（一九一二）にのちの枚方パークへ移転。香里遊園の一帯は住宅地へ変更となった。駅名が「香里」から「香里園」へ改称された昭和一三年（一九三八）には、遊園地はすでになく、桜と山手の閑静な環境だけが今も残されている。

今では大阪のベットタウンとなった香里園

# 四ツ橋駅 ◎よつばしえき

Osaka Metro 四つ橋線 ［大阪市西区］

## 四ツ橋駅の壁面に描かれた謎の文字

四ツ橋駅で電車を降りると、壁面に描かれた不思議な書体の文字が目に入る。

五線紙に書かれた音符のような、はたまた、どこかの地上絵を模したような、パッと見には判読が難しい文字である。よく観察すると、平仮名をデザインした文字であることがわかった。壁面の文字は四種類あり「すみやばし」「よしのやばし」「かみつなぎばし」「しもつなぎばし」と読めた。

これは、駅名である「四ツ橋」の由来になった四本の橋「炭屋橋」「吉野屋橋」「上繋橋」「下繋橋」の名称だ。

しかし、四ツ橋駅付近に川は流れていない。四本の橋とは、いったい何だろうか？

実は今でこそ川が無いが、以前には「長堀川」と「西横堀川」の二本の川が駅の北で交差していた。東西方向に伸びる長堀川には「炭屋橋」と「吉野屋橋」が、南北方向に伸びる西横堀川には「上繋橋」と「下繋橋」がそれぞれ架けられていた。

四ツ橋駅壁面の音符のような文字

# 四ツ橋駅

これら長堀川、西横堀川は人工的に造られた「堀川」と呼ばれる運河だった。

大阪は商人の街。米をはじめ特産品などが全国から大阪の地に集められた。中之島を中心に各藩の蔵屋敷が立ち並び市場が設けられた。問屋、仲買、両替などの物流や金融に携わる商人が栄え、「天下の台所」と呼ばれた。

鉄道網が全国へ広がる以前は舟運が主流だったので、物資は船積みされ淀川から分かれた堀川を往来した。江戸期には一二の堀川があり、その延長は一六キロメートルあったという。

このうち長堀川が開削によって完成したのは元和《げんな》八年（一六二二）。この事業に加わった一人が岡田心斎《しんさい》だった。運河の開削工事が終わると、今度は川沿いの土地を整地して架橋資金を作り、長堀川を南北に渡る橋を架けた。この橋が「心斎橋」であり、四ツ橋駅と直結する心斎橋駅の由来である。

そんな堀川も、明治以降には様子が変わっていった。第一章の「道頓堀停留場」でも触れているが、堀川は明治後期になると巡航船などの水路となるが、巡航船は市電の発達とともに次第に廃れた。さらに戦後には、戦災の瓦礫処理で埋められ、モータリゼーションの発達、水質低下なども加わり、不要とされ埋め立てが進んでいった。

西横堀川は昭和三七年（一九六二）に、四ツ橋付近の長堀川も昭和三九年（一九六四）に埋め立てられた。駅名の

線名は四つ橋、駅名は四ツ橋

由来となった四つの橋は、長堀川、西横堀川とともに消えてしまった。

それにしても、そんな歴史の断片が、クイズのような格好で壁面に残されているのが楽しい。地下トンネルを走る地下鉄は、車内から車窓風景も見えない。また駅から風景が楽しめる訳でもない。近年では多くの乗客がスマートフォンを眺めているので、利用者は、それほど退屈ではなさそうだが、このような楽しい仕掛けは大歓迎。鉄道事業者側の、少しでも楽しませようとする工夫が伝わってくる。

四ツ橋駅でもう一つ気になるのが、四つ橋線の路線名。駅名は四ツ橋と片仮名の「ツ」を使うのに、路線名は平仮名の「つ」である。

四本の橋の総称が「四ツ橋」だったのに対し、路線が「四つ橋筋」の地下を通っているため。監督官庁へ届け出る際、道路（土木局）と線路（電気局）とで、違う表記で提出したのが原因とされる。

「百山踏切」で撮影した、在りし日の急行「きたぐに」

## 2 COLUMN・大阪の「駅」こぼれ話
# 長年の悲願が叶った新設駅

JR 東海道本線の、山崎駅と島本駅の間にある「百山踏《ひゃくやま》切」は、列車写真撮影の好ポイントとして昔から名の知れた場所である。

この百山踏切は山崎駅、島本駅のほぼ中間にあるため、どちらの駅からでもアクセスできる。しかし、島本駅が開業したのは平成 20 年 (2008)3 月 15 日で、それ以前は山崎駅の隣駅だった高槻駅との駅間距離は 7.5 キロメートルもあった ( 現在、山崎駅との駅間距離は 2.2 キロメートル )。

この島本駅、東海道本線が明治 9 年 (1876) に当区間で開通して以来、長年、設置の構想があったといわれる。しかし、その機運が高まっては立ち消えの繰り返しだった。「楠公《なんこう》父子訣別之所」の桜井駅《さくらいのえき》跡に因《ちな》んで、駅名を「桜井ノ駅駅」にする具体的な話にまで及んだこともあったが、桜井駅の名称が各地にあるために却下。駅の設置にすら至らなかった。国鉄から JR 化後にようやく開業し、132 年の悲願が達成された。

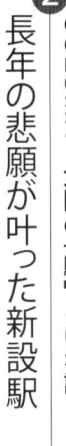

# 第3章

# 構内配線や列車運転にまつわる駅の「謎」

## Introduction

# 線路もダイヤも謎だらけ！

鉄道は独特なインフラと特殊な輸送形態を持つ乗り物だ。

鉄道の主要なインフラといえば、まずは線路だろう。単線から複線、複々線と、線路のある風景は、地方や都市など、需要により大きく違っている。なかでも駅周辺で分岐したり、合流したりと、複雑に配置されている大阪の線路は、眺めているだけでも楽しいものだ。

そして大阪の人々が利用する駅や、駅のホームは、線路の配線と切っても切れない関係にある。

また鉄道は、運行をつかさどる「ダイヤ」が定められているのが特徴だ。定められたダイヤを遡れば、時代により変化してきた、鉄道運行の歴史に触れることも可能である。

本章ではそんな大阪の線路配線や駅ホームなどの謎について探っていく。他にも、大阪でこれまで運行されてきた列車にまつわる謎についても触れていく。

京阪の土井駅から隣の駅までは、わずかな距離しかない

謎のレールが交差する阪急神戸線神崎川駅

# 土居駅 ◎どいえき

京阪電気鉄道京阪本線［守口市］

## 隣駅のホームがよく見える駅

京阪本線は天満橋《てんまばし》駅から萱島《かやしま》駅の一・一キロメートル先にある寝屋川信号場まで複々線区間となっている。

特急や急行、準急などの速達列車は、京橋駅から守口市駅まで間の駅に停車しない。通過する速達列車は複々線の内側を、駅に停車する普通は外側を走る。京阪では内側の線をA線、普通が走る外側の線をB線と呼んでいる。

天満橋駅から七つ目の土居駅は、普通のみが停車する駅である。隣の滝井駅からの所要時間はほんの一分。動いたと思ったらすぐにブレーキをかけて停車する。

B線の外側に面して設置された土居駅のホームは、間にA線を挟んでいるので広々と眺めが良い。見通しが良いので通過する京阪特急の写真撮影に良さそうだ。

そう思ってホームの端に行くと、隣の滝井駅のホームで電車を待つ人の姿が見える。その駅間はわずか四〇〇メートル。これは駅中心間の距離なので、土居駅ホーム端から、滝井駅のホーム端まではさらに短くなるだろう。

隣の駅が目の前に見える土居駅

この二点の距離を知るために、手っ取り早くグーグルアースの航空写真で距離を測ったところ、一六〇メートルと表示された。京阪本線でおもに使用される車両の長さは一八・七メートル。普通電車は七両編成として全体で約一三〇メートルになる。隣の滝井駅を出た列車の最後尾が、ホーム端から二両分過ぎる頃には、列車の先頭が土居駅のホームに差し掛かっていることになる。

駅間四〇〇メートルの区間は、千林駅と滝井駅の間にもある。ただし土居の場合は二駅間がカーブしていることもあり、隣駅の様子がさらによく見えるのだろう。

# 布施駅《ふせえき》

近畿日本鉄道大阪線［東大阪市］

## 一番線だけでなく、四番、五番線もない駅

乗降ホームの番線の振り方は、鉄道会社によって定石があるのだろうか？

大阪と伊勢、名古屋方面を結ぶ近鉄大阪線から、奈良方面と結ぶ奈良線が分かれる布施駅を初めて訪ねた時、とても不思議な感じを受けた。

大阪上本町《おおさかうえほんまち》駅から大阪線の線路は、奈良線と並行して複々線（二組の複線）で敷かれている。乗り込んだ奈良行きの電車で布施駅に到着すると、ホームは青空の見える六番線で、隣は奈良方面からの電車が到着する七番線だった。ここで伊勢志摩や名古屋方面への電車に乗り換えようとすると、一階下へ階段を降りなければならない。

複々線の線路はいつの間にか上下二段の高架に振り分けられており、狐につままれたような感覚を受けながら乗り場を確認すると、伊勢志摩や名古屋方面へ向かうのは二番線。逆に伊勢志摩、名古屋から来るのが三番線である。

もう一度おさらいすると、何か落ち着かない。一番線が

布施駅にあるのは、2・3・6・7番線のみ

無いばかりか、四番、五番線もないではないか……。

不思議に思っているところへ、二番線側のホームの無い線路を、名古屋へ向かう特急「アーバンライナー」が通過していった。

なるほど、通過する線も「番線」に加えているのだ。そう気がついて確認すると、どのホームにも通過用の線路が隣にあった。つまり布施駅では、通過用線路の一、四、五、八番線が番線に数えられ、ホームの番線はそれに基づいて振られていたのだ。

一見複雑ではあるが、理解すれば納得のゆく設定であった。

# 大阪駅 ◎おおさかえき

JR大阪環状線 [大阪市北区]

## 大阪駅のマイナス一番線

大阪の中心部をグルッと一周する二一・七キロメートルの大阪環状線。大阪環状線が全通したのは昭和三六年(一九六一)四月二五日。現在のような環状運転が開始されたのは、昭和三九年(一九六四)五月二二日から。

環状運転の歴史は、思ったほど古くないなかで、大阪駅の環状線ホームに、かつては「マイナス一番線」と呼ばれたホームが存在していたといわれている。

大阪駅における大阪環状線乗り場は、現在六面一一線ある地上ホームのなかで、南端の島式ホーム一面二線を使用している。西九条、弁天町方面へ向かう「内回り」が一番線。京橋、鶴橋方面へ向かう「外回り」が二番線となっている。

ところが、平成一七年(二〇〇五)二月までは「番線」が付いていなかった。

大阪環状線のホームは「環状線内回り」「環状線外回り」とだけ表示されていた。

一番線は福知山線(現・JR宝塚線)などの列車が発着

現在の大阪駅の番線表示。当然ながらマイナスはない

する北隣のホーム（現・三番線）で、そこから順番に番線が付けられていたのだ。

さらに、昭和四五年（一九七〇）三月一二日の以前までさかのぼると、ホームの構成も今と違っていて、現在の一、二番線ホームは島式ではなく、一面一線のみだった。このホームを〇番線と呼び、大阪環状線「内回り」が使用。「外回り」は対向する一番線を使用していた。

やがて、〇番線の南側にも電車が発着できる島式ホームに改造する工事が始まり、前述のとおり昭和四五年三月に完成する。このホームは〇番線のさらに南に出来たことで、〇から一を引いた「マイナス一番線」と付けられたようだ。営業時に実際に使われたのか、それとも工事期間の仮称だったのかは不明である。すぐに「環状一番」「環状二番」と付けられたため、事実なら、ほんの短い期間のみの出来事だったのだろう。

# 神崎川駅 ◎かんざきがわえき

阪急電鉄神戸本線 ［大阪市淀川区］

## 本線と平面クロスするレールの正体とは

阪急神戸線の十三《じゅうそう》駅から普通電車で一駅目が神崎川駅。駅の北西には駅名が表すとおり神崎川が流れている。神崎川を越えれば、大阪市淀川区から豊中市になる。

神戸寄りのホーム端に行ってみると、目の前が神崎川の堤防という近さ。線路は橋長一五六メートルの神崎川橋梁に続いている。

鉄橋手前の線路に目を移すと、電車の行き交う神戸線の線路と垂直に交差するレールが二本ある。専門用語では「ダイヤモンドクロス」と呼ばれる、線路が平面で交わる場所で、交わる中央部の線路がダイヤモンドの形に似ていることから名付けられた。

本線とクロスする線路は、軌間一四三五ミリメートルある神戸線の半分にも満たない感じだ。六〇〇ミリメートルくらいだろうか？　阪急では西宮北口駅に昭和五九年（一九八四）まで存在した、神戸線と今津線のダイヤモンドクロスが有名だったが、こんな場所にナローゲージ鉄道と

市民を守る大切なレールが、阪急とクロスしている

のダイヤモンドクロスがあったなんて……。

冗談はさておき、これは「防潮鉄扉」を動かすためのレールである。増水や高潮などに備えて、堤防より低い位置に架かる橋梁に設置されている。被害が想定されるような場合は、防潮鉄扉を閉めて市街地へ水が溢れるのを防ぐ役割を果たす。

最終電車の通過後に、訓練でこのレール上を鉄扉が走り、神戸線を横断することがあるらしいが、できれば本番では使用されない方が良いレールなのであった。

# 新加美駅 ◎しんかみえき

JRおおさか東線［大阪市平野区］

## 付近にあるデルタ線の謎とは

久宝寺駅を出たおおさか東線の放出《はなてん》行き電車は、ほどなくして右にカーブしながら関西本線と分かれ、高架を上って新加美駅に到着した。左手には関西本線の加美駅がある。地図を見れば新加美駅の北（正覚寺信号場）でおおさか東線から分かれ、関西本線上り方面に合流する線路がある。この付近は線路が三角形に敷設されたデルタ線になっているようだ。ところが、時刻表のどこを見ても、放出駅方面から関西本線上り方面に向かう列車は見当たらない。それもそのはず、西に見える高架のある区間は、貨物列車だけが通る貨物線なのだ。正式には城東貨物南連絡線という。

そもそも新加美駅がある「おおさか東線」自体が、城東貨物線を複線電化して旅客営業できるように改造したものだ。城東貨物線は、東海道本線にある吹田《すいた》貨物ターミナル駅（吹田信号場）から分岐し、鴫野《しぎの》駅、放出駅を経由しておおさか東線との共用区間を経て、南連絡線で関西本線と合流、平野駅の西にある百済《くだら》貨物ターミナル駅を結んでい

コンクリートの橋脚は、廃止された阪和貨物線のもの

る。また、新加美駅のある区間は、現在貨物営業を廃止したが、かつて存在した竜華《りゅうげ》操車場を結んでいた。開業は昭和四年（一九二九）と古い。

おおさか東線は大阪外環状鉄道という第三セクターが事業主体となって建設。放出～久宝寺の南区間が平成二〇年（二〇〇八）三月に開業。続いて放出～新大阪の北区間が平成三一年（二〇一九）三月に開業した。列車はしばらくの間、新大阪駅を発着していたが、令和五年（二〇二三）三月、吹田から新大阪、福島を経由する梅田貨物線のうち、大阪駅前後区間の地下化工事が完成。現在は新たに設置された大阪駅地下ホームの発着となっている。

さて、付近にもう一つ、気になる線路があった。久宝寺駅と新加美駅との間から南に分岐する線路である。阪和貨物線と呼ばれた貨物線で、阪和線の杉本町へ繋がっていたが廃止された。かつては大阪の外環状路線計画の一部に組み込まれたこともあった。

新加美駅付近には、未来ある線路と、活用を見出せない線路とのコントラストが浮かび上がっていた。

# 上牧駅◎かんまきえき

阪急電鉄京都本線［高槻市］

## 新幹線と並走する高架の駅

阪急京都線の京都河原町《かわらまち》行きの電車に乗り高槻市《たかつきし》駅を出てしばらくすると、車窓右手からＪＲ東海道新幹線の線路が寄り添ってくる。やがて新幹線の高架にピッタリ並んだかと思うと、ついには同じ高架橋によじ登って並走し、上牧駅に到着した。

隣の水無瀬《みなせ》駅は東海道本線と同じ高架上にあり、さらに一つ京都寄りの大山崎《おおやまざき》駅付近まで、阪急京都線の線路は東海道新幹線と並走している。

京都線は全線複線で、上牧駅は島式ホーム。対向式ホームの水無瀬駅と違い、新幹線の線路との間に壁がなく、フェンスのみの仕切りだ。このため、新幹線のＮ７００系電車が、迫力あるスピードで通過する様子をホームから間近に眺めることができる。

ところで、会社も規格も違う線路が、同じ高架橋を走るのはなぜだろうか？

阪急電鉄の前身の一つ「新京阪鉄道」が高槻町《たかつきまち》（現・高槻市）

東海道新幹線とフェンスで隔てただけの上牧駅

から京都西院《さいいん》（現・西院）までを開通させたのは昭和三年（一九二八）のこと。

その後、国鉄は、地上を走る阪急京都線の東側に東海道新幹線を隣接して建設しようとした。ところがこの付近の地盤が弱く、重量物の高架を建設することで地盤沈下が発生する恐れが出てきた。線路が地盤沈下に遭えば電車の運行に支障をきたす。このため阪急の電車も同一の高架を走るように施工された経緯を持つ。

東海道新幹線建設の途中段階で、阪急京都線と新幹線の並行区間では、昭和三八（一九六三）年四月から一二月までの間、完成した新幹線の線路上を阪急の電車が走った。出来たばかりの新幹線の線路を最初に走ったのは、０系電車ではなく、阪急電車だったのである。これもひとえに阪急の線路幅が新幹線と同じ一四三五ミリだからできたこと。新幹線の線路に面して上牧駅の仮設ホームも設置された。お互いに融通がきいた良い時代だったのだろう。

# ＪＲ難波駅 ◎じぇいあーるなんばえき

ＪＲ関西本線 ［大阪市浪速区］

## 東京行きの列車が発着したターミナル

テールランプの灯りを残し、ターミナル駅を背に遠く旅立つ夜行列車。その旅情ある鉄道情景は、日本では風前の灯火になってしまった。

大阪で夜行列車が発着する駅といえば、大阪駅や新大阪駅、天王寺駅などが思い出される。しかし、今では地下駅になっているＪＲ難波駅においても、かつては東京行きの夜行列車が毎日発着していた。

駅がまだ地上にあり、「湊町《みなとまち》駅」と呼ばれた時代の話である。

湊町駅の開業は明治二二年（一八八九）五月一四日と古い。前身である大阪鉄道が湊町駅から柏原駅間の路線とともに建設。大阪鉄道はのちに関西鉄道と合併、明治四〇年（一九〇七）、鉄道国有法によって官営になった。明治四二年（一九〇九）には「国有鉄道線路名称制定」という路線名の制定があり、現在の関西本線の名称となる。

貨物駅も併用した湊町駅の構内は、現在の千日前通を北に越えた湊町リバープレイスの辺りを中心に、時代ととも

かつての湊町駅は、近代的なＪＲ難波駅に生まれ変わった

に拡張された。

そんな湊町から、東京との間に夜行列車が運行されるようになったのは、終戦後の昭和二五年（一九五〇）一〇月のこと。運行された急行列車は客車によって編成された。翌月には「大和《やまと》」という列車名を拝命、のちに寝台車も連結された。

関西本線は輸送が逼迫する東海道本線の補完ルートとして機能したが、昭和三九年（一九六四）に東海道新幹線が開業すると、長距離輸送の流れが大きく変わった。

昭和四三年（一九六八）一〇月の国鉄白紙ダイヤ改正、いわゆる「ヨンサントオ」のダイヤ改正で、急行「大和」は急行「紀伊」に吸収され、夜行列車が湊町駅を定期的に発着することはなくなった。

平成六年（一九九四）九月四日、駅名がＪＲ難波駅に改称され、その後駅が地下に移転した。一〇五年間慣れ親しんだ「湊町駅」の名称も地上駅とともに消えた。

# 大阪駅 ◎おおさかえき

JR東海道本線 [大阪市北区]

## 荷物列車廃止後も荷物扱いがあった？

今でこそ小さな荷物は、宅配便の集配員により、集荷、配達してくれるので、玄関口で荷物のやりとりができる。しかし、宅配便が普及する以前には、荷物の発送や受け取りは、鉄道駅で行われたものだった。ＪＲがまだ国鉄だった頃、全国津々浦々の有人駅には、国鉄私鉄ともに手荷物と小荷物用のカウンターがあった。

鉄道輸送の「手荷物」は、実際に列車で移動する乗客が手回り品を別送、目的地で受け取ることができるもので、「チッキ」とも呼ばれていた。

いっぽうの「小荷物」は現在の宅配便のようなシステム。ただし、発送は駅窓口に直接持ち込み、受け取りも駅に行くのが一般的だった。当時から「郵便小包」もあったが、六キログラムまでしか送ることができないため、それ以上のものは鉄道に頼った（小荷物は基本的に三〇キログラムまで送ることができた）。

預けられた手・小荷物は、荷物スペースが設けられた車両に積み込まれ運ばれた。クハやモハなど、車両には記号が付いているが、荷物室を設けた車両には、荷物の「荷」から、片仮名で「ニ」と表記された。荷物室付き「クハ」↓「クハニ」などである。また荷物専用の車両もあった。荷物車は郵便車両などと連結され、荷物専用列車として全国の幹線を走り、手・小荷物を運んだ。

昭和五一年（一九七六）にヤマト運輸が宅配便のサービスをスタート。一九八〇年代には普及が進み、鉄道での小荷物輸送は次第に廃れていった。国鉄分割民営化を待たずして、昭和六一年（一九八六）一一月のダイヤ改正前に廃止された。

ただし小荷物輸送が完全に消えたわけではなかった。大阪駅では、平成二二年（二〇一〇）三月一三日のダイヤ改正まで荷物を受け付けていたのだ。これは、大阪駅と金沢駅を結んだ特急「雷鳥」に積み込み、金沢駅まで届けることができる「雷鳥レールゴー・サービス」というもの。それ以前にも、東海道・山陽新幹線の「レールゴー・サービス」や、寝台特急「日本海」を使った「ブルートレイン便」もあったが、大阪ではこのサービスの終了で、荷物受け付けの歴史の幕を閉じたことになる。

近年では、旅客列車により鮮魚や野菜などを運ぶ「貨客混載」が注目を浴びている。トラックドライバーの不足に加え、コロナ禍の影響で鉄道利用者が減じたことがその理由。いくつかの鉄道会社で暫定的に実証実験が行われている。南海電気鉄道では、令和三年（二〇二一）一二月の特定日に、岬町の養殖業者が育てた「クエ」を、特急サザンの指定席に積み込み難波駅まで運んだ。なんばＣＩＴＹにある料理店が、とれたての新鮮な食材をその日のうちに提供することができたという。

山陽新幹線では、令和五年（二〇二三）二月四日、姫路市の酒蔵から絞りたての日本酒を「ひかりレールスター」で新大阪駅に運び販売された。大阪駅でも、貨客混載による荷物扱いが再開する日が来るかも知れない。

# 正雀駅

◎しょうじゃくえき

阪急電鉄京都本線［摂津市］

## 地下鉄の車庫が阪急沿線にある理由

阪急京都線正雀駅の北には「正雀車庫」と「正雀工場」とがある。正雀車庫は阪急京都線の車両基地で、正雀工場は阪急電鉄と能勢《のせ》電鉄で営業する車両の検修（検査や修繕など）を行っている。

このように鉄道の沿線には、その鉄道会社の車両基地や検修施設が隣接して置かれるが、正雀駅から南西へ進むと、沿線の広大な敷地に阪急とは違う車両が集まっている。ズラリ並ぶ車両はOsaka Metro堺筋線で使用される六六系電車。ここは地下鉄堺筋線の車両を検査、修繕する「東吹田検車場」である。

堺筋線と阪急電鉄は相互直通運転を行ってはいるが、堺筋線沿線は当地から遠く、「なぜ?」と思ってしまう。

堺筋線が地下を通る堺筋は主にビジネス街で、沿線には検車場のような広い用地を確保することが難しかったという。そんな理由で、正雀駅南西の線路沿いに基地が建設された。堺筋線の最初の区間、天神橋筋六丁目から動物園前

阪急電車が通過する横に、ズラリと並ぶ地下鉄車両

が開業した、昭和四四年（一九六九）の開設である。

東吹田検車場の敷地面積四一〇〇〇平方メートル、一四八両の車両を収容できる。検車場への線路は、阪急京都線の梅田へ向かう下り線とだけ一方通行で繋がっており、入場、出場の際には必ず阪急京都線の下り線から行う必要があるという構造だ。

堺筋線で使用される六六系電車は、阪急京都線、千里線と相互直通運転する関係で、Osaka Metro の地下鉄車両としては、長堀鶴見緑地線、今里筋線とともに架線から電気をとる架空電車線方式となっている。他の五路線の電車は線路脇の給電用レール（第三軌条）から集電する第三軌条方式や、リニアモーター駆動のため、Osaka Metro の場合は、屋根上にパンタグラフのある、こちらのタイプの方が珍しい存在だ。

# 柏原駅
◎かしわらえき

近畿日本鉄道道明寺線［柏原市］

## 大手私鉄がJRに業務委託する駅とは

柏原駅はＪＲ西日本が業務を担当しているが、近鉄道明寺線が接続する駅である。このような場合には、ＪＲとは別に、近鉄が窓口や改札口を設けるのが通例である。だが柏原駅には設けられておらず、近鉄の社員は誰も居ない。道明寺線が到着する一番ホームに、ＩＣカード用の「近鉄入出場改札機」が置かれているだけ。まるで、ＪＲ駅に近鉄が間借りしているような感じである。

近鉄道明寺線は南大阪線の道明寺駅から関西本線の柏原駅を結ぶわずか二・二キロメートルの、近鉄で最も営業距離の短い路線である。起点の道明寺駅と終点の柏原駅の間に柏原南口駅があるだけで、二両編成の電車が往復するローカルチックな路線だ。

しかし、この路線は数ある近鉄路線のなかでも、開業が明治三一年（一八九八）三月と最も古い。創建したのは河陽《か よう》鉄道という会社。起業目論見書には「柏原村で大阪鉄道から分岐、古市郡古市村、石川郡喜志村、石川郡富田林村、

同じホームにJR（左）と近鉄（右）の電車が並ぶ

# 柏原駅

錦部郡長野村で西高野街道に接する」（『藤井寺市史』より）とある。

河陽鉄道が接続を目論んだ「大阪鉄道」は、明治二二年（一八八九）五月、湊町駅（現・JR難波駅）から柏原駅までを開通させた（のちの関西本線の一部）。

柏原駅は大和川の北岸に位置し、また南河内を流れる石川の合流点でもある。河陽鉄道を計画した南河内の人々にとっては、水量豊富な大和川を渡る必要があった。また、この地方で舟運に利用された石川が、土砂の堆積によりしばしば通行に支障を来した。大阪鉄道を経由し、大阪市域から南河内、また高野山への参詣輸送を目的に、河陽鉄道の線路が計画され、大阪鉄道と同じ軌間（一〇六七ミリ）で敷設された。

さて、開業してみたものの、河陽鉄道の経営は必ずしも順調とはいえず、翌年には「河南鉄道」へと再編されている。河南鉄道は集客策の一つとして、明治四一年（一九〇八）、西日本初の遊園地「玉手山遊園」を、道明寺から石川対岸の玉手山丘陵に開業した。現在は公園になっているが、園内の「アンティックな音楽堂」の屋根上には、河南鉄道の社章が奇跡的に残されている。

柏原駅を開業した大阪鉄道は、明治三三年（一九〇〇）六月に関西鉄道へと吸収合併。六年後の明治三九年（一九〇六）に国有化された。

すると、この空欄になった「大阪鉄道」の名称を、「河南

玉手山公園に残る河南鉄道の社章

鉄道」が名乗るようになったのだ。大正八年（一九一九）というから一九年のブランクがあるとはいえ、複雑で混乱しそうだ。

二代目となる「大阪鉄道」は、独自に大阪市街へ至る路線を計画。道明寺から大阪天王寺間の鉄道敷設免許を申請し、大正一二年（一九二三）に道明寺〜大阪天王寺間が開通。その後も順調に路線を拡大して、現在の近鉄の礎を築いた。柏原駅は、違う時代に同じ社名を名乗っていた鉄道路線が、別々の歩みを経て、同居しているのである。

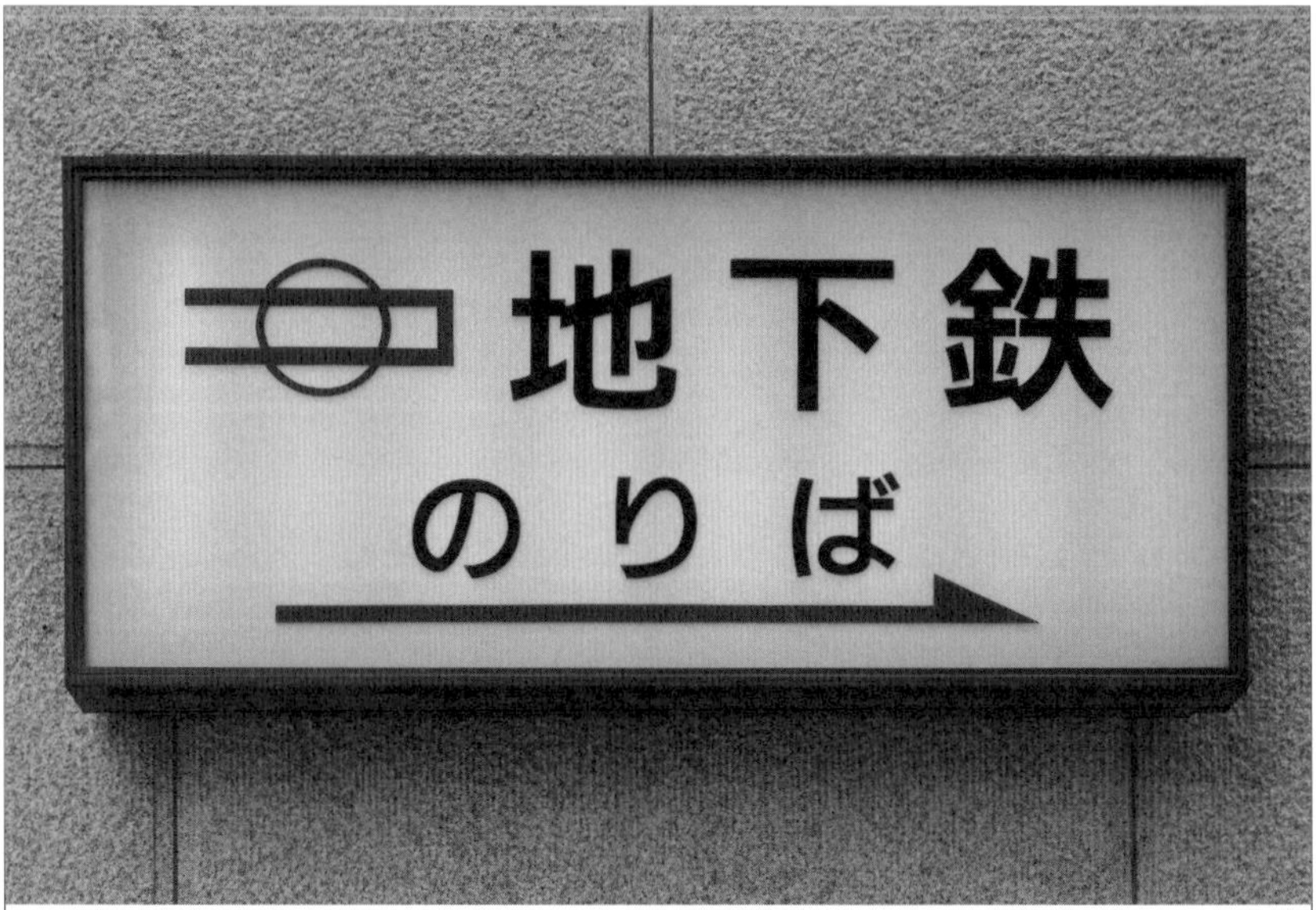


「地」の字の左側が、通称「マルコマーク」

### ❸ COLUMN・大阪の「駅」こぼれ話

## 大阪市交通局のシンボルマーク

OsakaMetro の前身となる大阪市交通局の地下鉄駅入り口などに、かつて掲げられていた地下鉄駅を表すサイン標識。地下鉄とゴシック体で書かれた文字の隣に、図形の「丸」と片仮名の「コ」の文字をデザインしたような不思議なマークが記されていた。

これは大阪市交通局の正式なシンボルマークで、通称「マルコマーク」と呼ばれるもの。

大阪市の頭文字「O」に、高速鉄道の「コ」を組み合わせデザインされていた。

コの文字が 0 からはみ出しているのには理由があるのだとか……。それは、将来、地下鉄の線路が郊外へ伸びゆく姿をイメージしたのだという。

そんな「マルコマーク」が誕生した時期は意外と古く、最初の地下鉄第一号線（現・御堂筋線）が開業したのと同時、昭和 8 年 (1933) だった。駅の設計、監修に関与した建築家の武田五一《ごいち》によるデザインという。

昭和初期に起草されたと聞けば、レトロ感はもちろん、現代にも通用する先鋭的なデザインだった。

## 第4章

# 駅舎や駅施設にまつわる駅の「謎」

## Introduction

# 大阪の駅を極めてみよう

一四〇年以上にもなる歴史をもつ大阪の鉄道。そんな大阪の駅舎や施設には、長い歴史を経た、様々なアイテムやエピソードが残されている。

たとえば、日本で最初に営業運転した時の古いレールが、現在もホームの柱に使用されている。また、東京丸の内に建つ「赤レンガ駅舎」を設計した建築家が、それ以前に設計、建築した駅舎があった。

それと並行し、自動集札機や動く歩道など、時代の最先端を行く技術を日本で最初に導入してきたのも大阪だ。

現在日本一の、超高層ビルの駅ビルが存在することなどからも、大阪の先進的な事象に対する感心の高さがうかがい知れる。

それに加え、どこか混沌とした街のイメージがあるのも大阪の一面。複雑怪奇な乗り換え、怪しげな構内など、不思議な魅力をこの章で取り上げていく。

かつては大ターミナルであった南海汐見橋駅

残念ながら現役を終えた南海の浜寺公園駅駅舎

# 汐見橋駅 ◎しおみばしえき

南海電気鉄道高野線　［大阪市浪速区］

## 南海の一大ターミナルだった駅

南海電車の始発駅は、南海本線、高野線ともに難波《なんば》駅である。難波駅を出た電車は路線別の複々線を走り、岸里玉出《きしのさとたまで》駅の手前で両線が分かれている。

その岸里玉出駅から大阪の中心地へ北上する一つの路線が分岐する。

通称、汐見橋線と呼ばれる、汐見橋駅までの四・六キロメートルを結ぶ短い路線である。この汐見橋線、戸籍上は高野線の一部であり、汐見橋駅は今でも高野線の起点駅になっている。

南海高野線は高野鉄道によって、最初に大小路《おおしょうじ》（現・堺東駅）から狭山の区間を明治三一年（一八九八）一月三〇日に開業した。阪堺鉄道や南海鉄道が開業させた南海本線とは違う会社を前身としているのだ。

別会社ゆえ、大阪の起点は難波駅ではなく、西側の汐見橋駅に設置された。開業は明治三三年（一九〇〇）九月三日。当初は道頓堀《どうとんぼり》駅という駅名が与えられたが、翌年一月に汐見橋駅へ改称されている。

その後紆余曲折を経て、経営や会社名が幾度か変更されるなか、線路は高野山へと徐々に延伸していった。高野山へ向かう観光客や通勤通学客で、当時の汐見橋駅はさぞかし賑わったことだろう。

そんな汐見橋駅に変化が訪れることとなったのは、大正一四年（一九二五）三月。これ以前に高野線を運営した大阪高野鉄道は、南海本線を運営した南海鉄道に合併吸収されていた。高野線を得た南海鉄道は、利便性向上のため、南海本線と高野線の連絡線を設置。高野線の難波駅への乗り入れを開始したのだ。

高野線の難波駅乗り入れにより、汐見橋駅の地位は下がり始めた。やがて昭和四年（一九二九）一一月になると、ついに高野線の全列車が難波駅発着に変更。本来の汐見橋駅へ向かう高野線は事実上支線扱いとなって今日に至る。

現在汐見橋〜岸里玉出間は、午前五時台後半から午後一〇時台まで一時間二本という運転本数（下り午後九時台と上り午後八時台のみ一本）。二両編成のワンマン電車が、ひたすら行ったり来たりを繰り返す。

岸里玉出駅から汐見橋行きの電車に乗れば、次第にエアポケットに迷い込んだような感覚に包まれる。途中にある木津川《きづがわ》駅などは、まさに都会の中の秘境駅。駅前には何とも言えない空間が広がっている。

汐見橋駅で電車を降りると、古びた木造のベンチや古レールで組まれた上屋の構造物に迎えられる。昭和に舞い戻ったかのような気分で自動改札を出ると、改札口の頭上に古色蒼然とした絵地図が掲げられていた（現在は撤去）。「南海沿線観光案内図」と書かれたこの地図には、「この案内図は昭和三〇年代のものです（現在の路線案内については係員におたずねください）」と注意書きが付けられていた。

地図中には淡路《あわじ》島や四国徳島の海岸に加え、紀伊半島南西部までの広範囲が描かれている。南海本線、高野線はもちろん、淡路島には淡路交通の鉄道路線、和歌山には和歌山軌道線、紀伊半島には紀勢本線の新宮までの乗り入れを示す区間が破線で表されており、現在は見られない昭和三〇年代後半の南海電鉄一大ネットワークが描かれていて興味深かった。

さらによく見ると、和歌山港から南紀白浜までの航路が描かれ「南海汽船白浜航路」とあった。この航路は昭和三七年（一九六二）四月七日に開通している。スイス・シュプラマール社から輸入した水中翼船「つばさ丸」で運行。日本初の水中翼船だった。神戸港から、大阪港、和歌山港を経由して白浜港を結び、南海電鉄では和歌山港乗り換えのルートを推奨していたようだ。

そんな貴重な絵地図は損傷が激しく、撤去されてしまった。大阪を中心に、和歌山、淡路、徳島の交通に貢献した南海電鉄の歴史を教える貴重な鉄道遺産だったのだが。

残念ながら撤去されてしまった「南海沿線観光案内図」

# 大阪駅

◎おおさかえき

ＪＲ東海道本線　［大阪市北区］

## 迷子になる、迷宮のような乗り換え可能駅

ＪＲの大阪駅で乗り換え可能な駅は六駅ある。東にOsaka Metro御堂筋線の梅田駅。北東には阪急大阪梅田駅。南側の地下へ出ると、正面に阪神の大阪梅田駅。東にはOsaka Metro谷町線東梅田駅。西にはOsaka Metro四つ橋線西梅田駅。一番南にＪＲ東西線の北新地駅と、ここまでが乗り換え可能な駅になっている。

さらに過去には、平成二五年（二〇一三）までＪＲ貨物の梅田駅があったが、こちらは貨物専用駅のため、当然ながら乗り換えできなかった。この貨物駅の跡地は、「うめきたプロジェクト」として整備・開発されている。これに伴い、東海道本線の貨物支線（通称・梅田貨物線）を地下化し、駅を設けて大阪駅と直結する計画で、名称は「北梅田駅」と呼ばれていた。乗り換え可能な「梅田駅シリーズ」が一つ増えると思われたが、地下駅は大阪駅の一部「大阪駅（うめきたエリア）」として、令和五年（二〇二三）三月一八日に開業した。

ともあれ、ＪＲの大阪駅や阪急大阪梅田駅などの地上（高架）駅からだけでなく、地下にある駅同士や地下から地上駅へ乗り換えるなど、慣れない旅人などは乗り換えに難儀する。特に地下通路はデパートのモールになっている場所もあり、絶えず人通りが多い。雑踏に入ることで冷静さを失い、道に迷いやすくなる。

梅田の地下は、もはや「迷宮」と化している。訪日する外国人などからは「梅田ダンジョン（迷宮）」と呼ばれているほどだ。

梅田の地下に迷宮が形成されたのは、様々なビルが様々な年代に完成し、地下で繋がったことが理由だという。また地形が微妙に傾斜したり、複数の階層になっていたりすること、さらに碁盤の目ではなく、斜めの通路が多いことも人々を迷子にさせる原因のようだ。各鉄道会社は乗り換え案内を見やすくするなどの対策をとっているが、日本人でも迷うほどの複雑ぶりである。

これとは別に地下ではないが、ＪＲ大阪駅の東に新梅田食堂街がある。ガード下に飲食店約一〇〇店が軒を連ね、迷宮のようになっている。たこ焼きや鉄板焼き、居酒屋、喫茶店、うどん屋など、この食堂街は逆に迷いたくなる楽しい迷宮である。

迷宮はうめきたエリアへと拡大する

# 岸里玉出駅

◎きしのさとたまでえき

南海電気鉄道南海本線［大阪市西成区］

## 二つの駅を一つにまとめた駅

二つの地名を合わせて一つの駅名にしたケースは、第二章「四天王寺前夕陽ケ丘駅」や「西中島南方駅」でも取り上げてきた。しかし、地名ではなく、駅自体が二駅を合体して一つにした駅がある。

その駅は南海の南海本線と高野線が分かれる岸里玉出駅。駅間がわずか四〇〇メートルだった岸ノ里駅と玉出駅の二駅を、平成五年（一九九三）四月に移設・統合して岸里玉出駅とした。これは萩ノ茶屋駅から玉出駅間の高架化に伴うものだった。

もともと当地に最初に駅を設けたのは、南海本線ではなく高野線の方だった。前身の高野鉄道が、明治三三年（一九〇〇）九月に大小路《おおしょうじ》駅（現・堺東駅）と道頓堀《どうとんぼり》駅（現・汐見橋駅）の間に路線を開通させた際に「勝間《こつま》駅」を開業。これが高野線における岸ノ里駅の前身である。

続いて南海電気鉄道の前身、南海鉄道が明治四〇年（一九〇七）一〇月に、萩ノ茶屋駅と住吉駅（廃止）の間に

2つの駅を統合した結果の駅の出口案内

玉出駅を開設。大正二年（一九一三）七月には、難波駅方に岸ノ里駅を開設した。

高野鉄道の線路は南海鉄道の線路の上を跨ぐかたちで敷かれ、接続していなかったが、高野鉄道と南海鉄道が合併されたのちの大正一四年（一九二五）に連絡線が設置され、高野線から難波駅へ直通運転が行われるようになった（前々項「汐見橋駅《しおみばし》」参照）。

この時、高野線のホームは汐見橋方面にしかなく、難波駅へ向かう電車は岸ノ里駅に停まれなかった。高野線の難波駅直通ホームが完成したのは昭和四五年（一九七〇）一一月で、高野線から汐見橋駅方面の乗り入れを終えて久しかった。そう考えると二つの駅というよりも、もと高野鉄道の駅も含めた三駅を一つにしたような感じもする。

# 浜寺公園駅 ◎はまでらこうえんえき

南海電気鉄道南海本線［堺市西区］

## 東京駅と同じ建築家の設計した駅舎

赤レンガ駅舎として親しまれ、創建時の姿に復原された東京駅丸の内駅舎。「近代建築の父」と呼ばれる辰野金吾《たつのきんご》が設計に携わり、大正三年（一九一四）に竣工。駅舎誕生から一〇〇年を超えた。

日本近代建築を代表する東京駅丸の内駅舎の誕生以前、辰野金吾と片岡安《やすし》の二人が大阪で「辰野片岡建築事務所」を創業。初めて設計を手がけた駅舎が、平成二八年（二〇一六）一月二七日限りで現役使用を終えた。その駅舎とは南海本線の浜寺公園駅。東京駅より七年も前の、明治四〇年（一九〇七）に竣工した歴史ある駅舎だ。

木造平屋建て、鉄板葺《ぶ》き屋根、柱を表に出し意匠とする「ハーフティンバー」と呼ばれる様式の洋風建築。細部にわたり様々な意匠が施された駅舎の佇まいは、堂々としながらも気品のある、日本を代表する駅舎の一つといえる。

松林の続く浜寺公園は、明治期には大阪から多くの人々が訪れる行楽地で、夏には海水浴場が大いに賑わったとい

曳家によって移動され再活用される旧駅舎

う。また周囲には住宅地が開発され、立派なお屋敷が並んでいる。駅舎は街を表すランドマークという考えで設計されたのだろう。

そんな名建築の駅舎が現役使用を終えた理由は、この付近の南海本線が高架化されることになったからだ。南海電気鉄道と堺市は、堺市内に残る地平区間の連続立体交差事業に着手。区間は石津川駅南方から羽衣駅北方の間約二・七キロメートルで、途中の諏訪ノ森駅と浜寺公園駅が高架駅化されることになった。

しかし、堺市は諏訪ノ森駅とともに、この貴重な歴史ある駅舎の保存を決定。曳家によって南西方向に約三〇メートル移動し、ステーション・ギャラリーとカフェ・ライブラリーとして活用されている。

# 北千里駅 ◎きたせんりえき

阪急電鉄千里線［吹田市］

## 自動改札機が初めて導入された駅

関西ではＩＣＯＣＡ、ＰｉＴａＰａなど、都市部を中心に普及した交通系ＩＣカードは花盛りの様相だ。そんなＩＣカードとセットなのが自動改札機である。

では、初めて自動改札機を導入した駅はどこだろうか？

答えは大阪府内の駅だった。昭和四二年（一九六七）三月、京阪神急行電鉄（現・阪急電鉄）千里線北千里駅に、千里ニュータウンの通勤対策と、来たるべく万国博覧会の輸送対策のため導入されたのが最初だった。

それ以前から、駅業務の自動化は研究されていた。きっぷを扱う出札、改札、集札のうち、きっぷを売る「出札」は自動化が早かった。明治期の終わりから大正期のはじめには、ドイツ製の機器を導入。東京駅や新橋駅で入場券を販売した。

出札の自動化に比べ、改札、集札は乗客の行き先が一様でないため開発が難しかった。改札口に回転式のバーを組み込んだ「ターンスタイル」と呼ばれる方式で、硬貨を入れれば一人ずつ通過可能な改札機が使用された時代もあったが、あくまでも均一運賃の路線にしか使用することができなかった。

自動改札機の研究に本格的に取り組んだのが立石電機（現・オムロン）で、近畿日本鉄道との共同開発を進め、昭和三九年（一九六四）より近鉄社員を対象に試用されたこともあったが、実用には至らなかった。

またこれとは別に、アメリカのアドバンス・データ・システム社と技術提携を結んだ日本信号が事業部を創設し、昭和四三年（一九六八）に試作機を完成させている。

その後、千里線が南千里駅から延伸した際に北千里駅を開設、立石電機製の自動改札機が、自動券売機、紙幣両替機と一緒に導入された。

日本はおろか、世界でも最初の自動改札システムといわれる。この自動改札機は今と違い、定期券は開けられた穴の情報を読み取る鑽孔《さんこう》式と呼ばれるもの。乗車券は磁気式だった。これら自動改札システムへの取り組みは、平成一九年（二〇〇七）、世界最大の電気電子学会より「ＩＥＥＥマイルストーン」を受賞している。

# 心斎橋駅 ◎しんさいばしえき

Osaka Metro 御堂筋線 ［大阪市中央区］

## 地下鉄駅にアーチ天井の理由

大阪の地下鉄で最も賑やかなのは御堂筋線ではないだろうか。梅田から天王寺の間は終日混んでいるイメージがある。大阪のメインストリート御堂筋の地下を走る御堂筋線は日本初の公営地下鉄ということで、当時の関係者は相当気合いが入ったようだ。

最初の開業区間に設置された駅の一つ、心斎橋駅で電車を降りる。平成三〇年（二〇一八）二月からはじまったリニューアル工事もほぼ完了し、この駅の特徴であるアーチ天井が再び見られるようになった。元々は「地下といえども広大な感じを与えよう」と意図されたもので、アーチ構造にすることで、柱を建てる必要がなくなり、より開放的な空間に仕上がっている。設計はヨーロッパの地下鉄駅を手本にしたといわれている。

これら設計・監修に関与したのは「関西建築界の父」と呼ばれる建築家・武田五一《ごいち》。二〇代末から三〇代はじめには文部省の派遣でイギリス、フランス、イタリアなどへ留学。

アーチ天井に、シャンデリア風照明が並ぶ心斎橋駅構内

その後も幾度かの欧米視察を重ねてきた。そんな武田五一の見知が、アーチ天井など、駅設計の各所に活かされているのだろう。

さらに地下鉄工事の陣頭指揮をとったのが、第七代大阪市長の関一《せきはじめ》。社会政策、都市計画を専攻し、ベルギーの鉄道学校やドイツに留学し学んだ。誰もがおいそれと渡航できなかったこの時代、先進的なヨーロッパの都市構造、建築、文化を知る二人の理念は見事に合致したに違いない。

開業当初は単行（一両）の電車が運転されたが、将来を見越して最初は一二両分、のちに一〇両分に設計変更され、ホーム長は約一八六メートルで完成した。「電車は一両なのにホームが長くて、地下鉄をつくった当時の市長は頭おかしいんちゃうのって、周りに言われてたんや」と、当時を知る九〇歳代のおじいさんが話していたという。車両が大形化した現在、ホームの長さは約二〇〇メートルに延長されている。

東京地下鉄道（現・東京メトロ）が浅草駅から上野駅間に開業したのに続き、日本で二番目の地下鉄開業。東京に追いつけ追い越せの意識が高い大阪市民の喜びは格別なことだったろう。開業の日は土曜日で、初電車の出発は午後三時。大阪初の地下鉄に乗ろうと多数の人々が押し寄せ、電車は超満員になった。本来ならば、梅田から心斎橋間は五分三〇秒のところを初電車は一二分かけて走った。

乗客や見物に来た人々は、日本離れした駅の様子に「宮殿のようだ」と驚き、設置されたエスカレーターの前で履物を脱ぐなどのハプニングもあったという。エスカレーターは「東京の地下鉄にもない」と、自慢のタネになったそうだ（エスカレーターは戦時中に一時撤去された）。

また、「停留所（駅）ごとに色分けを考えよ」との関市長の指示が出された。地下を走るので下車の目印になると考えたのだろう。如何にも関らしい発想ではないか。これを受けて心斎橋駅の壁はピンク色に塗られた。これは心斎橋周辺の華やかなネオンをイメージしたといわれている。天井や壁面にタイルを貼った様式は、武田五一の得意とする意匠だと言われるが、リニューアルで一新され、ピンク色の塗装とともに現在は見られない。

設備の老朽化に伴って、駅の美装改良計画が発表されたのは平成三〇年（二〇一八）一二月二〇日のこと。イラストに描かれた新デザインの内容が物議を呼んだ。この駅の魅力である、歴史的な背景を感じないキッチュともとれるデザイン。「悪趣味だ」「派手すぎる」と、一部ＳＮＳでも批判が浴びせられた。わずか三日間のうちに二万筆の反対署名が集まったという。

これを受けたOsaka Metroは、一週間後の一二月二七日にブラッシュアップすると発表。翌年八月二九日に最終案が公表された。それは今日、工事完了により見られる、落ち着きのある上品な空間。なかでも、天井の中央に並んだ一〇基のシャンデリア風照明が復元されたのは嬉しい。

シャンデリアは、広げた傘を逆さにしたような逆円錐形のデザインで、傘の骨にあたる部分に光源を配している。開業時には行灯のような白熱灯が二列使用されたが、昭和二八年（一九五三）一〇月に交換された。リニューアル以前は四二本の蛍光管を使用。リニューアルにより三六本のＬＥＤ光源になっている。

新技術により復元された、アーチ天井のある独特な空間。途中下車して、その魅力を感じて欲しい駅である。

# 大阪阿部野橋駅

◎おおさかあべのばしえき

近畿日本鉄道南大阪線［大阪市阿倍野区］

## 高さ日本一の駅ビル

大阪阿倍野に聳《そび》え立つ「あべのハルカス」は、平成二六年（二〇一四）三月七日に全館グランドオープンした。地上六〇階建てで、高さは三〇〇メートル。高さ二九六メートルの横浜ランドマークタワーを抜き日本一のビルとなっている。

驚くのは、この超高層ビルが近鉄・大阪阿部野橋駅の「駅ビル」ということ。

大阪阿部野橋駅は近鉄の前身である大阪鉄道が、大正一二年（一九二三）四月一三日に開業したもので、開業時は大阪天王寺駅と命名されていた（翌大正一三年六月に「大阪阿部野橋駅」に名称を変更）。

のちの昭和一〇年（一九三五）一〇月、大阪鉄道は大阪阿部野橋駅に大鉄百貨店阿倍野店を建設すべく着工し、昭和一三年（一九三八）一〇月に全面開業した。この阿部野橋ターミナルビルと呼べる建物が、幾度か名称を変え、のちに近鉄百貨店となり、やがては現在のあべのハルカスに繋がっている。

戦時中には米軍機による空襲に襲われるが、戦後は復興して営業を再開。その後は増築、拡張を続けながら発展した。

平成になり、昭和初期から変わらない躯体の旧館は、あべのハルカスに生まれ変わるために、平成二一年(二〇〇九)三月に閉鎖、やがて解体された。

誕生したあべのハルカスは、低層階に大鉄百貨店を受け継ぐ「あべのハルカス近鉄本店」が、日本一の売り場面積で営業。中層階にオフィス、上層階に「大阪マリオット都ホテル」があり、最上階は展望台「ハルカス三〇〇」になっている。

一九七〇年代に山形の田舎で育った筆者にとって、「駅ビル」と聞くと、県庁所在地山形駅の「山形ステーションデパート」を思い出す。鉄筋コンクリートの二階建てで、二階部分と地下がデパートになっていた。今思えば「デパート」と呼ぶにはおこがましいような、やや手狭な空間に食堂や様々な店が並んでいたのだろうが、子供にとっては羨望を感じて、行くのが楽しみだった。目もくらむような「駅ビル」の、あべのハルカスには隔世の感がある。

# 寺田町駅 ◎てらだちょうえき

## JR大阪環状線［大阪市天王寺区］

## ホームの壁から出現した駅名標

平成二七年（二〇一五）年八月二八日、JR大阪環状線寺田町駅で、ホームの壁から古い時代の駅名標が出現した時は、何かの遺跡が出土したような感動を覚えた。

JR西日本では、平成二五年度から「大阪環状線改造プロジェクト」に取り組んでいる。

そのプロジェクトのうち、駅の美化、美装などの一環として、寺田町駅の外回りホームの壁面に長年掲げていた掲示板を取り外したところ、縦八四センチ、横一一八センチの手書きの駅名標が出現したという。

駅名標は左から右に筆文字で「てらだちよう」と書かれ、下へ順に漢字表記、両隣の駅名の間に「大阪市天王寺區《く》」と続き、最下部にアルファベットの表記がある。

JR西日本では、貴重な遺産の出現に、工事を中断して保存することにした。

さて、この駅名標はいったいどれくらいの年代に書かれたものだろうか？

美しい書体の手書きの駅名標

寺田町駅が城東線（のちの大阪環状線）に開業したのは、昭和七年（一九三二）七月一六日のこと。路線はすでに国有化されているので、駅名標などの表記は、官営鉄道が定めた規程に基づいていると考えられる。

中西あきこ著『されど鉄道文字』（成美堂出版）によると、昭和二一年（一九四六）に「鉄道掲示規程」が更新され、書字方向が「右より左へ記載する」から「左より右へ記載する」に改められたとある。加えてローマ字表記が、戦時下における日本独自の「訓令式」から「修正ヘボン式」へ、また書体はゴシック体で、なるべくすべて大文字を用いることに変更されたという。さらに、国鉄発足後の昭和二九年（一九五四）の規程により、平仮名書体に丸ゴシックを採用。

これらから、寺田町駅の駅名標は、昭和二一年以降、二九年頃までに書かれたものではないかと推測することができる。

# 千林駅 ◎せんばやしえき

京阪電気鉄道京阪本線［大阪市旭区］

## 異様に長いホームのベンチ

京阪本線の高架複々線区間で、普通電車しか停車しない千林駅。通過線（京阪ではA線と呼ぶ）を挟んで、普通列車が停車する線（同じくB線と呼ぶ）の外側に対向式ホームが設置されている。

驚くのは、三条・出町柳方面へ向かう、一番ホームの外側の壁に造り付けられている「ベンチが異様に長い」こと。本書第三章では、二つ隣の「土居駅」を、隣駅との駅間が短い駅として取り上げているが、今度は「異様に長い」のである。

気になる、その長さは？　はたまた、いったい何人くらい座ることができるのだろうか？　あいにく、メジャーを持参していなかったし、持参しても簡単に計測できるような長さではない。またテレビの企画ならいざ知らず、大人数をぞろぞろと引き連れて、実験をやるような時間も費用もない。

そこで、普通電車が到着した時に、何両分くらいあるか、

実際に何人が座れるのか知りたいベンチ

目で測ることにした。

少し待っていると、普通列車が到着。どうやらベンチの長さは一両と半分ほどあるようだ。京阪の車両の長さを一八・七メートルとして、これの一・五両分で、ベンチの長さは約二八メートルと算出。

鉄道車両の一人当たりの着席幅は、だいたい四五〇ミリメートルといわれるから、二八メートル（二八〇〇〇センチメートル）を四五〇ミリメートル（四五センチメートル）で割ってみると、六二人ほどが着席可能という計算結果になった。これはあくまでも目測によるものだが、実際のベンチを見ると、六二人座るには、相当に左右を詰めないと難しそうだ。推測するところ、四〇人から頑張っても五〇人くらいではないかと思われる。

しかし、この長ーいベンチ一杯になるよう、老若男女に座ってもらい、対向ホームから写真撮影したいと思う次第であった。

# 天王寺駅 ◎てんのうじえき

## ＪＲ大阪環状線ほか［大阪市天王寺区］

## 南海電車が来ないのに「南海そば」がある

ＪＲの天王寺駅中央口改札を出ると、広い中央コンコースを挟んで「天王寺ＭＩＯ《ミオ》」プラザ館がある。ファッション雑貨店やカフェなどが入る、中二階の洒落たスペースの一角に、サクサクのクロワッサンが美味しいサンマルクカフェがある。全国展開するチェーン店舗のひとつだが、その店名をよく見ると、「南海天王寺店」となっている。

ＪＲで「南海？」と首を傾げる。南海電気鉄道のターミナルは「難波《なんば》」であり、天王寺駅に南海電車は来ない。そう思い、一階に降りて南口から歩道橋へ出ようとすると、右手に立ち食いそば・うどんの店「南海そば」の店舗がある。

南海の電車が来ない天王寺駅だが、南海の文字が見られるのにはワケがあった。平成五年（一九九三）三月まで天王寺駅に乗り入れていた「南海天王寺支線」の名残なのだ。ちょうど「天王寺ＭＩＯ」の建つ場所に、天王寺支線の駅があった。

南海天王寺支線の歴史は古い。明治三三年（一九〇〇）

一〇月二六日に、南海本線の天下茶屋から天王寺の間二・四キロメートルを、南海電鉄の前身である南海鉄道が開業させた。天王寺駅では、のちに国鉄に買収される関西鉄道へ接続。南海本線の粉浜《こはま》と現在の住吉大社の間にあった住吉駅から、現在では大阪環状線になっている鶴橋、京橋を経由して大阪駅までの直通運転が、明治三四年（一九〇一）から開始し、旅客列車の他、貨物列車も運転された。

難波駅で行き止まりの南海鉄道にとって、天王寺支線は大阪のキタへ乗り入れる格好の連絡線となり、昭和六年（一九三一）には複線化もされた。

しかし昭和三六年（一九六一）に大阪環状線が全通開業。昭和四一年（一九六六）には新今宮駅での乗り換えの流れが整い、連絡線としての役割が一気に減少した。

昭和五九年（一九八四）、大阪市営地下鉄堺筋線の延伸工事に用地を譲り、天下茶屋から今池町までが廃止。全線廃止前には今池町から天王寺の間、単線に戻った一・二キロメートルを一両の電車が行き来する、都会のなかのローカル線となっていた。

# 摂津富田駅 ◎せっつとんだえき

JR東海道本線［高槻市］

## ホーム屋根を支えるイギリス製の鉄道遺産

普段利用している駅にも、歴史的に価値のあるものが何気なく存在している場合がある。JR東海道本線摂津富田駅のホームにも「鉄道遺産」とも呼ぶべき貴重な古いレールが残されている。ホームにレール？ と思われるかも知れないが、鋼材が貴重だった時代、使用済みの古レールを加工してホーム上屋の柱にしたり、屋根の梁にしたりして、盛んに再利用されたのである。その加工の工夫、組み方の美しさは、それぞれの駅ごとに違い、これを観察するのも楽しい。

さて、摂津富田駅の古レールも、そんなホーム上屋の柱に使用されている。このレールは、日本で最初に営業運転した新橋から横浜間で使用されたレールといわれている。ではなぜ、それがわかるのだろうか。

理由はこのレールが「双頭レール」ということ。一般的な鉄道のレールは、枕木と接する底面が広く平らに、車輪の接する頭部が底面より小さく角のとれた塊のようにできている。双頭レールは上下両方とも車輪が通る面になっており、すり減ったら一八〇度ひっくり返して使用することができる。

そして、この古レールにはイギリスのダーリントン・アイアン社が一八七〇年に製造した旨の刻印があるという。ペンキが厚く塗り重ねられており、現状では判別が難しいが、断片的に文字らしきものが確認できる。

日本では新橋から横浜間で、このメーカーの双頭レールが使用された。だが実際に使用してみると、双頭レールは使い勝手が悪く、初期のものは錬鉄製だったため耐久性もなくて、やがて交換されていった。お役御免のレールが、一四〇年以上の時を経て今も存在し、ホーム上屋を支えているのである。

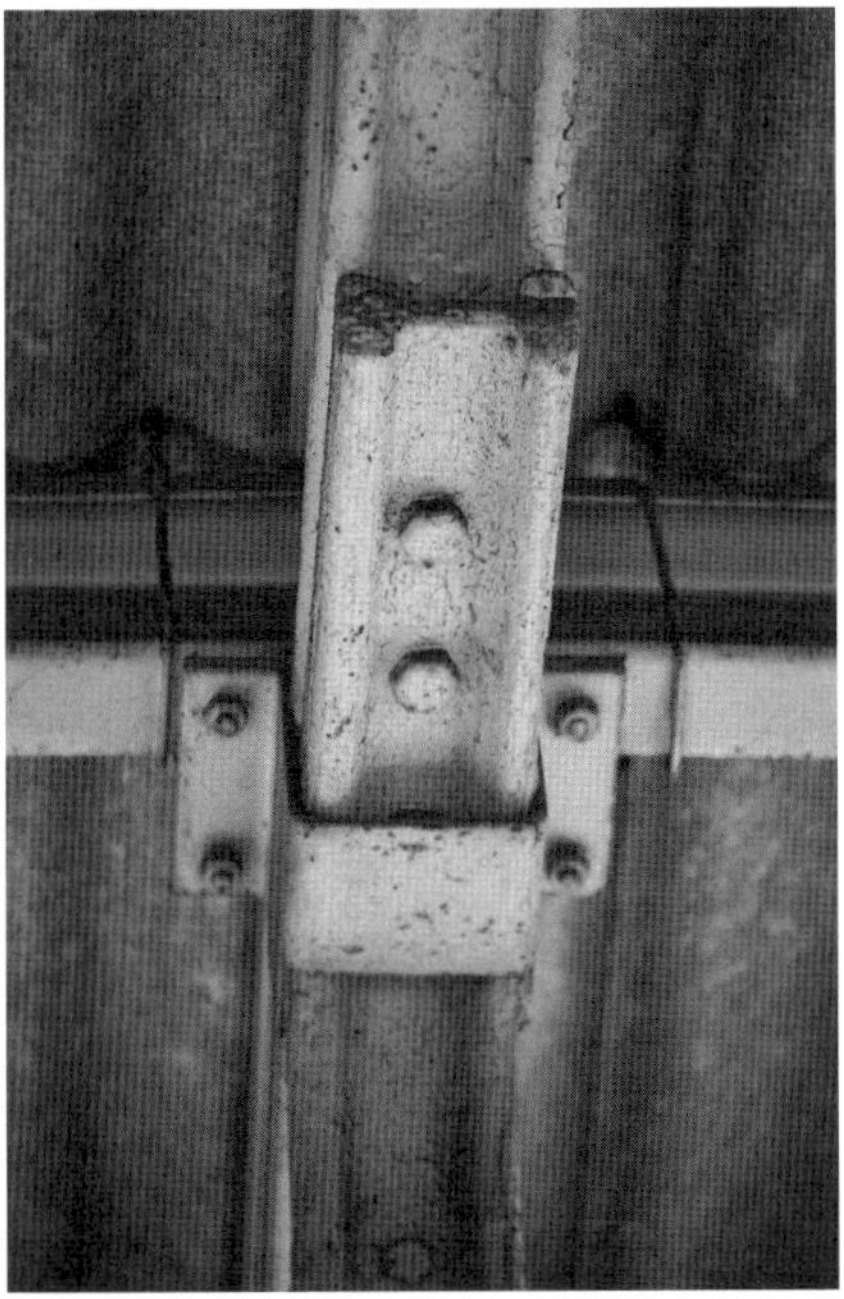
ホーム上屋を支える双頭レール。相当に古い

# 玉出駅《たまでえき》

Osaka Metro 四つ橋線［大阪市西成区・住之江区］

## イノベーションの先駆となった柱のある駅

大阪には鉄道黎明期に輸入されたレールがホームの柱となり、屋根を支えている駅もあれば、最新技術の導入が、その後の地下鉄工事に影響を及ぼした柱を使用する駅もある。

その柱があるのは、Osaka Metro 四つ橋線の玉出駅。

ところが玉出駅のホームに行ってみると、古レールの柱よりもさらに何の変哲もない、円柱形の柱が建っているだけだった。

これは「遠心力鋳造管」と呼ばれる鋼管を用いた柱である。遠心力鋳造管は、高速回転させた円筒形の金型に、十分に精錬され、高温で溶かされた「鋼《はがね》」を流し込んで製造される。回転による遠心力によって、鋼には重力加速度の八〇から一〇〇倍ほどの力が加わる。この鋳造方法で鋳造されると、厚さが均一で、強靱な鋼管が製造されるという。

肉厚で小径な鋼管も製造可能であり、それまでは水道管などに使用されていた。

Osaka Metoro の前身である大阪市交通局では、各種の試験や検討を重ね、昭和三三年（一九五八）五月三一日開業の玉出駅ホームを支える柱に日本で初めて採用した。この成功を受けて、それまではコンクリートによる柱が主流だったが、その後は全国の地下鉄駅で鋼管柱が使用されるようになった。

日本では数社のメーカーが製造しているが、過去には日本万国博覧会の会場で、太陽の塔を囲んでいた大屋根のトラスや、最近では東京スカイツリーの鋼材としても使用されている。

日本で初めて採用された遠心力鋳造管を用いた柱

阪急大阪梅田駅の「動く歩道」

COLUMN・大阪の「駅」こぼれ話 4

# 「動く歩道」は阪急梅田駅が日本初だった

空港や地下道などの長い通路に設置される「動く歩道」。別名ムービングウォークとも呼ばれるこの設備、近年では「珍しい！」とは思われないほど普及している。

実は「動く歩道」が日本で最初に設置されたのは大阪だった。昭和 42 年 (1967) のことで、場所は阪急の梅田駅（現・大阪梅田駅）。最初に動く歩道が設置されたとき、この設備を目にした人々は、未来の風景を見るような気持ちだったのではないだろうか。

その後、平成 23 年 (2011)8 月頃に、通路、壁面とともにリニューアルされ、今も梅田の通路を行く人々を運んでいる。

ところで、動く歩道やエスカレーターなどを利用する際、関東では左側に立ち、急ぐ人のために右を開ける。しかし、大阪では右に立ち、左を開けるのが原則のようだ。海外の場合は、右に立って左を開ける場合が多いように感じるが、これは大阪が国際都市という証なのだろうか……？

第5章

# もっと知りたい駅の「謎」

## Introduction

# 他にも大阪の駅の謎はたっぷり

第一章から第四章までのカテゴリーに分類できなかった項目がある。

そこで本章では、みなさんにもっと知っていただきたい駅の謎をピックアップし、紹介することにした。

大阪万国博覧会の時に設置された駅から、きっぷの券面にある文字、駅の発車メロディー、ホームに立つ謎の大木、さらには立ち食いそばまで、幅広い「謎」を取り上げる。

かつて賑わいをみせた、海辺のレジャーランド。その謎を辿ってみれば、山奥の温泉に辿り着いた。

また、最も高いところにある地下鉄駅や、最も低い地下鉄駅のほか、風情ある大阪府の東西南北の端の駅も訪ねた。そんな探求の旅も紹介していく。

本章を通じて、大阪の駅の楽しさを、いっそう感じてもらえることだろう。本書を読んだあとには、大阪の駅を訪ねていただきたい。

30m 以上も地下へ下りる地下鉄長堀鶴見緑地線大阪ビジネスパーク駅

大阪府最南端にある南海の天見駅では、木造駅舎が迎える

# 万国博中央口駅（廃駅）

◎ばんこくはくちゅうおうぐちえき

北大阪急行電鉄会場線［吹田市］

## 万国博覧会のために設置された駅があった

昭和四五年（一九七〇）三月一五日から九月一三日までの一八三日間、大阪北部の千里丘陵で、国家的一大イベントが開催された。「日本万国博覧会」である。

日本万国博覧会の、延べ入場者数は約六四〇〇万人といわれる。これは日本の人口の、およそ三分の二に相当する人数（当時）で、多数の人々を運んだのが北大阪急行電鉄と阪急電鉄千里線だった。この二路線で会期中に三二五〇万人を運んだという。

このうち北大阪急行電鉄の路線の終点は、万博会場の中央口に直結した「万国博中央口駅」。仮設駅だった千里中央から万博中央口までの約四キロメートルは、中国自動車道の一部を間借りして敷設。この区間は特に「会場線」と名付けられ、万博開催中のみの営業を前提とした。

北大阪急行電鉄の電車は、江坂駅で接続する大阪市営地下鉄（当時）御堂筋線との間で直通運転された。御堂筋線は新大阪を通るので、東海道新幹線の利用者には「乗り換

「太陽の塔」の目の前に万国博中央口駅があった

えずに済む」と、大好評だった。また、阪急電鉄も千里線の南千里駅と北千里駅の間に万国博西口駅をつくり、昭和四四年（一九六九）一一月一〇日に開業。

万博が閉幕となった九月一三日を最後に会場線は廃止され、万国博中央口駅はわずか二〇〇日間ほどの営業を終えた。同様に千里線の万博西口駅も廃止。のちの昭和四八年（一九七三）になって、近隣に山田駅が開業している。

現在、両駅とも痕跡はほとんど見られないが、北大阪急行に乗ると、桃山台駅と千里中央駅の間にあるトンネルの途中から、東へ分岐する線路が確認できる。廃線のトンネルは資材置き場として利用されているのだとか。

万博会場跡に今も聳《そび》える岡本太郎氏の「太陽の塔」は、そんな時代の変遷を見つめてきたのだろう。

# 弁天町駅

◎べんてんちょうえき

Osaka Metro 中央線［大阪市港区］

## ＪＲの高架よりも高い場所にある地下鉄駅

弁天町といえば、鉄道ファンにとっては忘れることのできない思い出の場所である。平成二六年（二〇一四）四月六日まで、交通科学博物館があった場所だからだ。

交通科学博物館は昭和三七年（一九六二）一月に開館。貴重な鉄道車両の保存、展示に加え、バスや航空機など、交通全般の総合的な展示を行ってきた。

しかし、平成二八年（二〇一六）四月、新たにオープンした京都鉄道博物館に役目を引き継ぐかたちで、交通科学博物館は閉館した。

交通科学博物館があったのは、ＪＲ大阪環状線弁天町駅東側の高架下だが、その南の高架の上を垂直に跨ぐ一段高い高架上に、Osaka Metro 中央線の弁天町駅がある。

地下鉄弁天町駅の高さは標高一六・一メートルで、地下鉄中央線で最も標高が高く、また地表面からの高さに限っていえば、日本一高い地下鉄駅になる。

ではなぜ、中央線がこのように高い場所を走るのだろう

ＪＲ大阪環状線の高架線の上が地下鉄の中央線

か？

それは弁天町付近の地盤が弱く、地下を掘ることが難しかったからだ。さらには、弁天町から西の臨海部は地盤沈下の恐れがあるのと、高潮の被害に遭わないようにするため、高架方式が採用された。

昭和三六年（一九六一）一二月、大阪港から弁天町までの三・一キロメートルが第四号線として先行開業。一両編成の電車が高架をゆく地下鉄は、利用者から「港の見える地下鉄」と呼ばれたという。

もともと大阪の地下鉄は、「大阪市高速鉄道」として計画された経緯がある。最初の計画段階では地下方式か、高架方式かの議論もあった。都市景観保全の観点と、ボーリングの結果、技術的なメドがついたことで地下方式が選択されたが、この区間は高架方式を最初に実現させてみせた。

# 大阪駅

◎おおさかえき

JR東海道本線・梅田支線［大阪市北区］

## 急勾配仕様の貨物列車が通過するターミナル駅

　JR東海道・山陽本線で、峠越えの難所は「東の箱根、西の瀬野八《せのはち》」と呼ばれていた。「東の箱根」は、国府津《こうづ》～沼津間の箱根越えを指す。かつて東海道本線が、現在の御殿場線まわりだった時代の話で、昭和九年（一九三四）丹那トンネルの開通で熱海経由の新線（現在の東海道本線）に切り換えられた。

　いっぽう「西の瀬野八」は山陽本線の瀬野～八本松間を指す。広島からの上り列車は、瀬野駅を過ぎて二二・六‰の急勾配区間に入る。急勾配は八本松駅まで一〇・六キロ続く。前身の山陽鉄道が明治二七年（一八九四）に敷設して以来の線形で、現在も貨物列車の一部には列車の最後尾に補助機関車が連結される。列車を押し上げて、先頭の本務機関車を助ける、特殊な〝プッシュプル〟と呼ばれる運転方式が用いられる。

　山岳路線を克服するためのプッシュプル運転であるが、驚くことに、大都会である大阪の都心部でこのプッシュプ

補助機関車の後押しで地下ホームを通過する貨物列車

ル運転の貨物列車が、今日も堂々と運転されている。しかも、運転開始は令和五年（二〇二三）からという。

これは大阪駅地下ホーム開業に伴うもの。かつて大阪駅に隣接した梅田貨物駅の跡地を再開発する「うめきたプロジェクト」の一環で、それまで地上を走っていた、通称・梅田貨物線を地下化、旅客ホームを設置して大阪駅の地下で連絡するもの。令和五年二月一三日、地下に切り替わり、三月一八日より旅客営業を開始した。

地下に設置されたホームを結ぶ線路は、距離は短いながらも二三・五‰と、瀬野八より急勾配となった。もとより、ここを走る貨物列車は、桜島線の安治川口《あじかわぐち》駅発着だったが、大阪駅地下ホームを経由して各地を結ぶようになった。一部の重量級の貨物列車は、一両の機関車ではパワー不足のため急勾配を通過できず、補助機関車の助けが必要となった訳である。

大阪駅うめきたエリア地下二四番線では、「通過」する貨物列車にファンがカメラを構える姿が見られる。

# 大阪ビジネスパーク駅

◎おおさかビジネスパークえき

Osaka Metro 長堀鶴見緑地線　[大阪市中央区]

## 大阪で最も深い地下鉄駅

地上の高所にある地下鉄駅もあれば、当然ながら地底深くにある地下鉄駅もある。

大阪で一番深い場所にある地下鉄駅は、Osaka Metro 長堀鶴見緑地線の大阪ビジネスパーク駅である。その深さは地上からホームまで三二・二メートル。これを高さに直せば、マンションで一〇階建て相当になるというから驚きの深さだ。

また同駅は、大阪一深いと同時に駅名が非常に長い。これを省略し、ＯＢＰと書かれる場合もある。

長堀鶴見緑地線は、平成二年（一九九〇）に開催された「国際花と緑の博覧会」へのアクセスを目的に、京橋から鶴見緑地の間で開業した（当初は鶴見緑地線の線名）。その後、京橋から心斎橋まで延伸した平成八年（一九九六）一二月一一日、京橋駅の次に大阪ビジネスパーク駅が誕生。同時に路線名が現在の長堀鶴見緑地線となっている。

長堀鶴見緑地線はあとから建設された地下鉄路線ゆえ、

地下 32m の地点にある大阪ビジネスパーク駅

既設の路線よりも深く掘らなければならない。しかし、この駅がこれほどまでに深くなった理由は定かではない。

ホームから上って、改札を出たコンコースに、金属製のプレートが掲げられている。『平成七年度土木学会技術賞受賞事業』と銘打ったプレートには、トンネル掘削で用いられた「三連型ＭＦ（マルチフェイス）シールド工法」と呼ばれる工法の解説が書かれている。

上り下り二本の電車線用トンネルと、ホーム用のトンネル空間を同時に掘削するものという画期的なもの。プレートにはその写真も掲載されている。

現在この駅では、他の路線と交差、接続していないが、ホームの上部には、実は使われていない謎のホームが存在するという。

# 孝子駅
◎きょうしえき

南海電気鉄道南海本線［泉南郡岬町］

## 大阪府最南端の駅

大阪府の最南端の駅はどこだろうか？

大阪府の外郭を成す地形は、西に大阪湾、北に北摂山地、東は生駒山地と金剛山地、南は和泉山脈がある。西の大阪湾に対し三方が山で囲まれているイメージだ。

大阪に隣接する和歌山県との府県境は、南に聳《そび》える和泉山脈の尾根筋が境界になっている。和泉山脈は東から西へ進むに従い、南へと傾いているので、東の金剛山地側よりも西の大阪湾に近い方がより南になる。そうやって最南端駅を探して地図を辿れば、最も西を走る南海電気鉄道の南海本線孝子駅に辿り着いた。

孝子駅が大阪府最南端の駅だ。北緯34度17分27・25秒に位置し、北緯34度19分33・82秒のＪＲ阪和線山中渓《やまなかだに》駅よりも緯度で2分ほど南に位置している。緯度の1分は約一・八五キロメートルなので、孝子駅は山中渓駅よりもおよそ三・七キロメートル南になる。

南海本線の特急「サザン」で、難波《なんば》からみさき公園まで

取材当時の駅周辺は道路工事中

約四六分。孝子駅には特急「サザン」や急行は停車しないので、普通列車（南海では普通車という）もしくは泉佐野駅から各駅に停車する区間急行に乗り換える。

南海本線はみさき公園で多奈川線を分岐すると、線路の両側に山が迫る。勾配が最急で一〇〇〇分の二二（一〇〇〇メートル進んで二二メートル登る）という坂を登り、みさき公園駅から四分ほどで孝子駅に到着した。孝子駅も勾配上にある。

孝子駅の先、線路は右にカーブして府県境の第一孝子トンネルへ続く。

山あいの静かで鄙《ひな》びた駅の佇まいを想像していたが、国道二六号が平行し、また国道のバイパス「和歌山岬道路」が背後を通り、何だか落ち着かなかった。

# 多奈川駅 ◎たながわえき

南海電気鉄道多奈川線［泉南郡岬町］

## 大阪府最西端の駅

大阪府最南端の駅を訪ねてみたら、最北端、最東端、最西端の駅も気になってきた。

東西南北端の全駅を訪ねてみれば、大阪のだいたいの広さがわかりそうだ。

大阪府最西端の駅は、最南端孝子《きょうし》駅の近くだった。みさき公園駅から分岐する南海電気鉄道多奈川線二・六キロメートルの終点、多奈川駅だ。

多奈川駅は東経135度8分12・04秒で、これは山陽本線の鷹取《たかとり》駅とほぼ同じ経度。大阪府の駅が神戸よりも西に位置することは小さな驚きだ。

南海多奈川線とともに多奈川駅が開業したのは、戦時中の昭和一九年（一九四四）六月一日のこと。現在、多奈川駅に隣接する新日本工機の工場などの敷地には、当時、川崎重工業泉州工場があった。この工場は主に潜水艦や海防艦などの艦船を建造する軍需工場で、多奈川線は工員輸送を目的に建設された。

広い構内の多奈川駅

戦況が激化し、空襲で工場が被災するなか、多奈川駅は多数の工場通勤者を迎えたが、昭和二〇年（一九四五）八月一五日に終戦を迎える。終戦直後、工場では南海や近鉄の戦災電車の修理も行ったという。

昭和二三年（一九四八）になると、工場内の船だまりを改修して深日港《ふけ》が完成し、淡路島《あわじ》や四国を結ぶ航路が開設された。港の近くには深日港駅が置かれ、連絡急行「淡路号」が難波《なんば》駅から多奈川駅まで運行された時代もあった。

明石海峡大橋の開通により、物流のルートが変わり、現在では多奈川に連絡急行は来ない。多奈川の駅前に広がる空間が、栄枯盛衰を表しているようだ。

余談ではあるが、以前、南海本線のみさき公園〜孝子の間に深日駅があった。多奈川線に深日町駅がつくられると使命を譲った。南海本線の線路脇に、レンガ造りの変電所とともに、深日駅のホーム跡が今も残されている。

# 妙見口駅

◎みょうけんぐちえき

能勢電鉄妙見線　[豊能郡豊能町]

## 大阪府最北端の駅

大阪府の最南端と最西端の駅は地形上何となく想像できるが、最北端、最東端の駅が即座に答えられる人は、大阪の鉄道に関して相当に詳しい人ではないだろうか。

大阪府最北端の駅は摂津山地の山中にある、能勢《のせ》電鉄妙見線の妙見口駅。

妙見線の起点駅であり阪急宝塚線との乗り換え駅となる川西能勢口《かわにしのせぐち》駅は、大阪府池田市の西隣、兵庫県川西市に位置する。妙見口駅を訪ねるには、一度大阪府から兵庫県に出なければならない。

妙見線の線路は大阪と兵庫の府県境に沿うように敷かれ、川西能勢口駅から数えて四駅目になる鼓滝《つづみがたき》駅の手前で、わずかに大阪府をかすめてから兵庫県を北上。日生《にっせい》線を分岐する山下駅から二駅目、光風台《こうふうだい》駅の手前でようやく大阪府に進入する。

妙見線の線路は急勾配に加え、急カーブも存在し、まるで山岳鉄道のような線形だ。車窓には光風台、ときわ台と

駅舎前の郵便ポストが懐かしい妙見口駅

山間地に拓かれたニュータウンが続くが、終点妙見口駅が近づくと、周囲が一気に山村の風景にチェンジする。その劇的ともいえる場面転換に驚いている間もなく、電車は妙見口駅に到着した。

行き止まり式のホームに、こぢんまりと木造の駅舎が建つ妙見口駅は、大阪府最北端の駅にふさわしい佇まい。妙見線は、古くより信仰の対象とされ、多くの参拝客が訪れる能勢妙見山へのアクセスに加え、沿線の物資輸送を目的に建設。部分開業を重ねながら大正一二年（一九二三）一一月三日に妙見口まで全通開業した。

妙見口駅の開業当初の駅名は妙見駅で、昭和四〇年（一九六五）四月一日に能勢妙見口駅に駅名を変更、同年七月一日に現在の妙見口駅となって現在に至っている。

信仰の山、能勢妙見山へは「妙見の森ケーブル」と「妙見の森リフト」を乗り継いで行くことが可能であるが、乗り場まで妙見口駅からは徒歩で二〇分ほどかかる。

# 長尾駅 ◎ながおえき

JR片町線［枚方市］

## 大阪府最東端の駅

大阪府の東部は生駒山地、金剛山地があるため、大阪府最東端の駅はどちらかの山中にありそうだ。そう思って地図を辿ると見当がはずれた。

大阪府最東端の駅はJR片町線の長尾駅であった。

大阪中心部の京橋駅から、奈良県にある木津駅を目指す片町線は、真っ直ぐ東に進まずに北へ迂回している。淀川と木津川のつくった平坦な地形に沿って、生駒山地の北端で山並みが切れた辺りを通り、生駒山地を避けるように大きく回り込んでいるのが特徴だ。

大阪府のなかでも東にはみ出ているようなカタチの枚方《ひらかた》市を通るが、その東の端が長尾駅になる。

平成元年（一九八九）までは、長尾駅より京橋方が電化、木津方が非電化区間だった。長尾駅は府県境のみならず、運転上の境界駅でもあった。

長尾駅の経度は東経135度42分45・93秒。奈良県の生駒駅（東経135度41分52・86秒）よりも経度にして1分近く東になる。

大阪府最西端の多奈川駅は、東経135度8分12・04秒だったので、東西両端駅の経度差は約34分33秒。経度1分の距離を一・六キロメートルで計算（北緯を30度として）すると、約五四・九キロメートルと出る。同様に南北の端、妙見口駅と孝子駅の間を計算すれば約六八・七キロメートル。大阪府における鉄道駅の端と端の距離はこんな感じだ。

大阪府の面積は、四七都道府県で香川県に続いて二番目に小さいが、以前は一番小さかった時期もあった。

国土地理院の算定の方式変更が昭和六三年（一九八八）にあり、各都道府県の面積を見直したところ、香川県の一部で県境が未確定とされるなどで縮小した。その結果、大阪は最小の名を返上したのだが、それ以前から関西国際空港が出来れば香川県の面積を超えるとされたので、その差はわずかなものなのだろう。

# 放出駅　◎はなてんえき

JR片町線［大阪市鶴見区］

## 大阪では誰でも読める難読駅名

JR片町線と呼ぶよりも、今では愛称名「学研都市線」の方が、通りが良いだろう。「学研都市線」の愛称名は昭和六三年（一九八八）に与えられた。

駅名や路線の呼び方が時代とともに変化してゆくなかで、読むのが難しいとされる、大阪の「難読駅名」の筆頭にあげられるのが、JR片町線の放出駅。その駅名の由来は諸説あるようだ。

第一章の「鴻池《こうのいけ》新田駅」や「吉田《よした》駅」でも取り上げたように、河内《かわち》北部は旧大和《やまと》川が幾つもの支流に分流し、湖沼や湿地をつくった場所で水はけが悪い。水害を防ぐ目的で淀川（現・大川）へ水を流すところがこの土地で、一説には、水を放ち出すことを意味する「はなちで」や「はなちでん」が語源であるという。

放を「はな」とは読めても、出を「てん」とは、なかなか読めない。

しかし、大阪府内はもとより、関西周辺府県在住の人々

「難読駅名」の筆頭の、放出駅の駅名標

なら「はなてん」と、案外誰でも読めるという。それはテレビCMの影響が強い。

広告の主は「ハナテン中古車センター」という会社。主に関西地方で中古車の売買をする企業である。CMが放映されたのは主に深夜時間帯で、肌を露出した女性が寝ている部屋に男が登場。「あなたいったい誰?」と女性が問いかけると、「ハナテン中古車センター」とCMソングが流れるもの。

クルマとは一切関係のないお色気映像と、陽気なメロディーは、インパクトも強烈で印象に残る。

現在「ハナテン中古車センター」は、全国展開する大手企業の傘下に入り、ハナテンの名前は8710として一部使用されているのみだ。ハナテンのテレビCMは放映終了したというが、今後「放出」が読めない人々が増えそうなのが心配だ。

# 桃谷駅 ◎ももだにえき

JR大阪環状線［大阪市天王寺区］

## 思わず歌いたくなる発車メロディーの駅

大阪環状線の電車を桃谷駅で降りると、乗ってきた電車が発車する時に、聞き覚えのあるメロディーが流れてきた。思わず曲を口ずさみながら、曲名を思い出してみると、その曲は「酒と泪《なみだ》と男と女」だった。

飲み会の三次会や四次会で、誰ともなくマイクを持って歌い出す、おじさんソングの定番ともいえるこのメロディーは、どことなく哀愁のある桃谷駅ホームの風景に妙にマッチしている。

この「酒と泪と男と女」はシンガーソングライターの河島英五（一九五二〜二〇〇一）が作詞・作曲したもので、昭和五〇年（一九七五）、グループ名「河島英五とホモ・サピエンス」としてリリース。翌昭和五一年にはソロでもレコードを出している。

JR西日本では、平成二五年（二〇一三）一二月二四日から「大阪環状線改造プロジェクト」をスタート。駅美装改良、高架下の開発、トイレの整備、新型車両「三二三系」

の導入などが行われてきた。その一環として「大阪環状線発車メロディー制作チーム」を立ち上げ、各駅それぞれの発車メロディーが選定された。

ここ桃谷駅の発車メロディーに「酒と泪と男と女」が選ばれたのは、河島英五が桃谷駅近くで生まれ、また駅前の商店街でライブハウスを経営していたというのが選定理由。

大阪環状線の発車メロディーは、他の駅もまた、趣向を凝らしたセレクトで楽しめる。おじさんとしては、大阪駅＝やしきたかじん「やっぱ好きやねん」、天王寺駅＝和田アキ子の「あの鐘を鳴らすのはあなた」あたりが桃谷駅と並んで嬉しいところ。

天王寺駅の「あの鐘を鳴らすのはあなた」は作詞・阿久悠、作曲・森田公一という伝説のコンビによる楽曲で、河島英五の代表曲の一つに数えられる「時代おくれ」も、この二人が作詞作曲をしている、意外な共通項があった。

河島英五の胸を打つ歌声が、ホームの何処からか聞こえてくるようだ。

# 大阪梅田駅

◎おおさかうめだえき

阪急電鉄京都本線ほか［大阪市北区］

## きっぷ券面の「田」の文字の違いとは

阪急電鉄の大阪梅田駅で買った入場券をよく見ると、梅田の「田」の文字が少し変だ。部首「くにがまえ」のなかに十の文字が正しいが、書かれている文字は片仮名の「メ」に近い。

当然ながら間違えてこのような文字を使っているとは思えない、ではなぜ……？

阪急大阪梅田駅は神戸線、宝塚線、京都線（それぞれ本線ともいう）の三路線が複線のまま集まって来るメインターミナル。櫛形の行き止まり式ホームを一〇面九線を有する高架駅で、現在の一日の平均乗降人員は約五四万人という。昭和五〇年代から平成のはじめ頃までは、六〇万人を超えていた。

現在は車止めの並ぶホーム端の南に自動改札機がズラリと並んでいるが、自動改札導入以前は駅員が目視できっぷ券面のチェックを行った。その膨大な数の乗客が提示する定期券や乗車券を瞬時に確認する必要があっただろう。

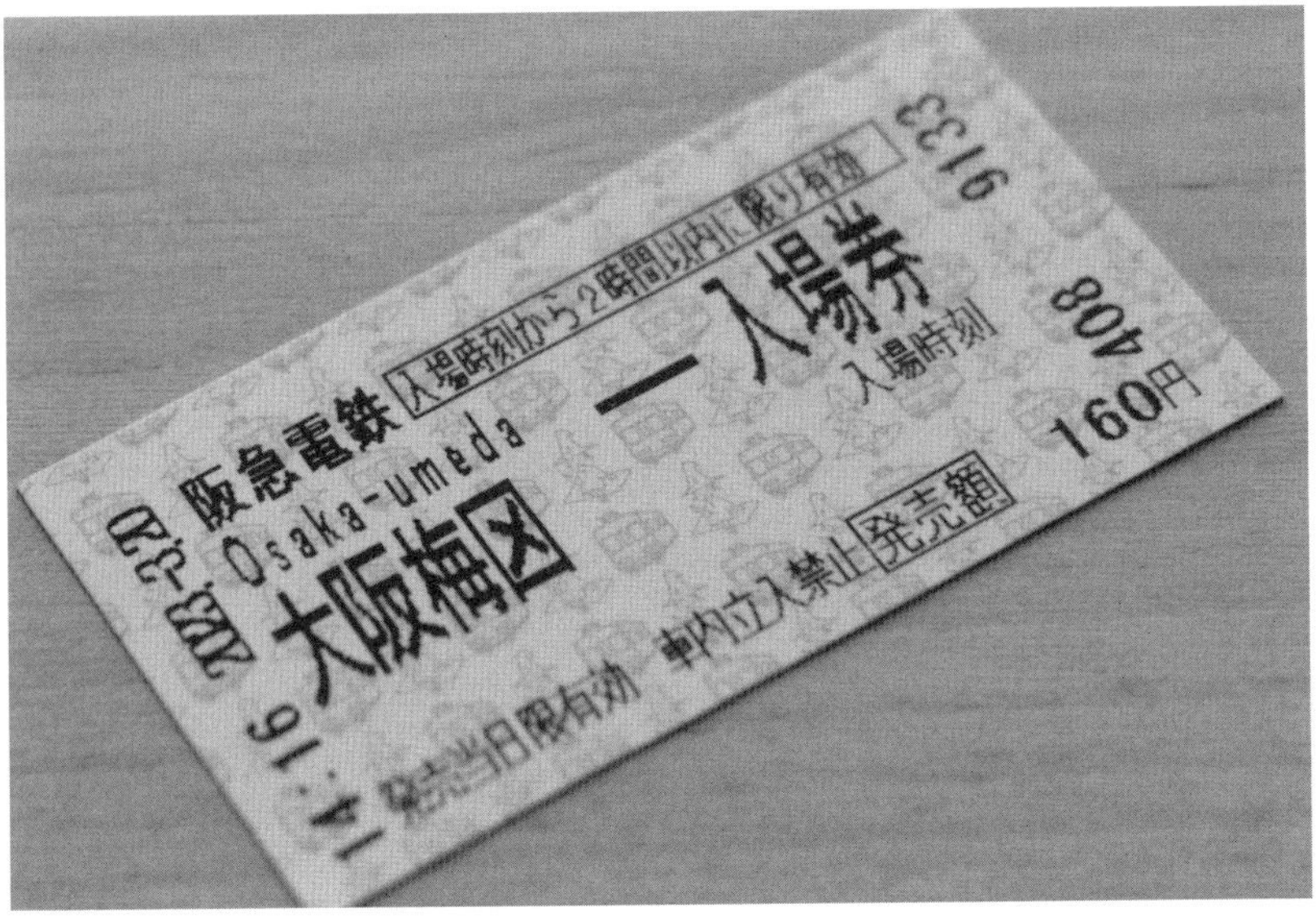

梅田の「田」の字に注目

阪急電鉄には神戸線の「園田」、宝塚線の「池田」、京都線の「富田《とんだ》」、千里線には「吹田《すいた》」「山田」など、他にも「田」の付く駅がある。これらの駅と瞬時に見分けるために、最も利用者の多い（発券枚数の多い）梅田駅（当時）の「田」の文字を変えて、違いを判別したというのである。

この文字は、昭和三四年（一九五九）頃から、まず定期券に使用されたという。

乗車券に導入された昭和四八年（一九七三）頃には、自動改札機が普及していたため、実際に効力を発揮したのは、おもに定期券に対してだったのだろう。

そして自動改札機となった現在も、この表記が残っているのは、大阪梅田駅がターミナルである証明のように見える。

# 大浜海岸停留場（廃駅）

◎おおはまかいがんていりゅうじょう

阪堺電気軌道大浜支線　［堺市堺区］

## 海水の大浴場で賑わったレジャーランドがあった

堺市の海岸沿いに、明治から昭和初期にかけて賑わいを見せたレジャーランドがあった。現在も堺市に存在する「大浜公園」がその場所である。

大浜公園は明治一二年（一八七九）に開園。明治三六年（一九〇三）には大阪で開催された、「第五回内国勧業博覧会」の第二会場として、当時、東洋一と呼ばれた水族館が建設された。

その後、明治四五年（一九一二）七月、阪堺電気軌道が宿院《しゅくいん》から大浜海岸まで一・六キロメートルの軌道を開通。阪堺電気軌道は、利用促進策として、大浜公園の開発に着手した。園内には公会堂や海水浴場に加え、大正二年（一九一三）には「大浜潮湯」が建てられた。これは沸かした海水に浸かるもので、健康に良い効能があると評判を呼んだ。潮湯には、食堂、遊技場、貸間などが備わり、昭和三年（一九二八）には少女歌劇の劇場がオープン。シーズンには一日一万人もの利用者が訪れたという。

現在の大浜公園がかつてのレジャーランド

当時の地図を見ると、終点の大浜海岸停留場の目の前に大浜潮湯があったようだ。恵美須町から約二〇分の直通電車も運行され、団体割引も適用されていた。

大正四年（一九一五）阪堺電気軌道は南海鉄道に合併。昭和一九年（一九四四）にはさらなる合併で一時的に近畿日本鉄道の所有になった。

しかし世相は戦時下。潮湯や公会堂は閉鎖、大浜支線は休止となった。

終戦後に運転再開され、やがて南海電気鉄道の路線になるも、昭和二四年（一九四九）に再び全線が休止状態になり、やがてそのまま廃止されてしまった。大浜潮湯も戦時下の空襲で本館が焼け落ち、再開されることはなかった。

現在、大浜潮湯の名残を伝えるように、海水を沸かした銭湯が堺市内に一軒残る。南海本線湊駅から近い「湊潮湯」である。

# 天見駅 ◎あまみえき

南海電気鉄道高野線　[河内長野市]

## 高野線の大阪府南端の駅前にある建築遺産

南海高野線は河内長野から山間に分け入ってゆく。美加の台駅までは宅地開発されているが、天見駅の周辺までは及ばず、自然豊かで静かな山の空気が流れている。

高野線では天見駅が大阪府最南端の駅。列車を降りて改札を抜けると、小さな木造駅舎に迎えられた。大阪府の駅とは思えない長閑さで、山あいの風景に馴染んでいる。

駅前に「あまみ温泉 南天苑」の看板を見て坂を降りていくと、右手に瓦屋根も立派な木造二階建ての建物が見えてくる。この温泉旅館の建物こそ、前項「大浜海岸停留場」で紹介した大浜潮湯の建物の一部だったのだ。前項で述べたとおり、大正二年（一九一三）堺市の大浜公園に造られた大浜潮湯の本館は戦時中に空襲で焼け落ちてしまった。しかし「潮湯家族湯」と呼ばれた別棟だけは、ここ天見に移築され現存している。

ではなぜ「潮湯家族湯」だけがここに現存するのか？その経緯を知りたくなった。

「潮湯家族湯」が移築された「あまみ温泉 南天苑」

あまみ温泉南天苑の女将、山﨑友起子さんが突然の訪問に快く応対してくれた。

伺った話によれば、大浜潮湯は洋風建築の本館の他、別館にあたる日本建築の「家族湯」が大正二年に建てられた。二階建てで一階に家族用の小さな浴室や厨房、マッサージ室、ビリヤード場を備え、二階は貸間や無料休憩所などがあった。

本館と別館の「家族湯」ともに、設計と監督は大阪の辰野片岡事務所が行った。何と第四章「浜寺公園駅」でも取り上げた、辰野金吾が設計に関与した建物だったのだ。

しかし、昭和九年（一九三四）、大浜潮湯に悲劇が訪れる。記録的な被害を与えた室戸台風の高潮に襲われ、家族湯の建物が大破してしまったのだ。潮湯自体は再建されるが、家族湯は海沿いの堺から山奥の天見まではるばる移築されることになった。

「阪急が有馬温泉を持ったように、南海さんも天見を一大温泉地として開発する予定だったようです」と山﨑さん。昭和九年発行の新聞記事のコピーを見せてくれた。

記事の見出しには確かに「有馬の向こうを張る意気込み」と書かれている。本文には「山峡十万坪の各所に歓楽または医療を目的とする温泉場を配置」とある。さらに「三百五十坪二階建の清洒な温泉旅館を開設する」と続くが、これがのちに「潮湯家族湯」の移築になったのだろう。昭和一〇年（一九三五）に「潮湯家族湯」の建物が実際に移築され、大阪阿倍野の料亭「松虫花壇」の別館として営業開始するも、第二次世界大戦が勃発。松虫花壇は閉館し沈黙の時が流れた。

山﨑さんの父、清之《きよし》さんは、南紀白浜の旅館で生まれた。和歌山県議会で速記の仕事をしていたところ、南海鉄道（南海電気鉄道の前身）の役員と知り合いになり、「温泉旅館が実家だから」という理由で声がかかった。清之さんは建物がかつて潮湯家族湯だったことを知らないまま、長年放置され、泥で汚れた建物を補修整備し、昭和二四年（一九四九）に「南天苑」として創業するに至った。

客室は純和風の落ち着いた雰囲気

その後時を経て、平成一四年（二〇〇二）、柴田正巳氏が代表を務める「明治建築研究会」により調査が行われ、南天苑本館の建物が潮湯家族湯だった事実が照合されてゆく。同時期、南海電気鉄道本社から「建物竣成引渡書」が発見され確証された。

潮湯時代に家族風呂のあったスペースは現在一部が客間になっている。改造によって貼られた板を剥がしたところ、隠れていた意匠が顔を出すことがあったという。「維持に手が掛かりますが、この歴史ある古さを維持して後世に伝えたい」という、女将さんの言葉が胸に響いた。

# 十三駅 ◎じゅうそうえき

阪急電鉄京都本線ほか［大阪市淀川区］

## 阪急沿線でおなじみ「阪急そば」発祥の駅

構内に店を構える立ち食いそば・うどん店は、ちょっと小腹が空いた時などに便利で、愛好者も多いのではないだろうか。

各鉄道会社は、それぞれオリジナルブランドで、立ち食いそば・うどん店をホームやコンコース、駅前などに出店している。

大阪府にある駅の場合、ＪＲ西日本は「麺屋」、阪急は「若菜そば」、京阪は「麺座」、近鉄は「粋麺あみ乃や」「〇〇庵」、南海は「南海そば」の名称で店舗が沿線に点在する。そのなかで、阪急沿線でお馴染みだったのが「阪急そば」。立ち食いそばスタンドとして、関西の私鉄で最初に構内営業を開始※した店だった。

その第一号店が十三駅にオープンしたのは昭和四二年（一九六七）のこと。場所は神戸線の梅田方面行き二号線ホーム（阪急電鉄ではホーム番線を「号線」と呼ぶ）と、宝塚線の宝塚方面行き三号線ホームの間になる。

「阪急そば」第一号店の若葉そば阪急十三店

そんな「阪急そば」第一号店とも呼べる店舗は、十三駅構内で今も営業を続ける。ただし、店舗名は「阪急そば若菜」を経て「若菜そば」となった。立ち食いのスタイルではなく、着席してゆっくりと食事することができる店舗である。

以前は店内の壁に過去の様子を撮影したモノクロ写真がディスプレーされていた。かけそば・うどんが八〇円と書かれた品書きが見える写真は、昭和五〇年（一九七五）に撮影されたもの。長年愛用された立ち食いスタイルは、平成二六年（二〇一四）九月に姿を消したことが記されていた。

さっそく注文しようと券売機を見ると、かけそばにフライドポテトを添えた「ポテそば」というメニューが目に入った。

関西風の上品な出汁《だし》と、塩加減を控えた揚げたてのフライドポテトの組み合わせが良い感じにミックスされ、味も食感も良かった。この組み合わせ、案外評判だという。

※南海そばとの説もある

# 萱島駅

◎かやしまえき

京阪電気鉄道京阪本線［寝屋川市］

## 高架ホームの真ん中に生える大木がある

かつては土木技術が未熟だったせいもあり、鉄道黎明期の鉄道インフラは、自然の険しい地形を押さえ込んで克服するよりも、上手に地形に従い、いなしながら敷かれたようなところがある。旧来からある鉄道路線で、車窓から見える風景に自然の美しさが感じられるのは、自然との距離感が近いからではないだろうか。

そんな比較的自然に優しい鉄道も、高架化、複々線化など大規模な改良により、自然から離れてしまう場合がある。地上区間に比べ、高架化された路線は味気ないものを感じる。間近に見えた沿線の草花や木々が、遠のいてしまうせいだろうか。

京阪電鉄京阪本線の萱島駅を訪れた時、それでもやっぱり、人間は自然に寄り添い一緒に生きてゆくのだな、と思った。

この萱島駅の三階、三、四番線ホームには地上から生えた大きなクスノキがあり、高架ホームの床から上屋の屋根を突き抜け、そのまま空へと枝葉を広げているのだ。

駅を出てクスノキの下に行ってみるとクスノキ周囲の高架下は萱島神社になっていた。寝屋川市が設置した説明板によると、樹高約二〇メートル、周囲約七メートル、樹齢はおよそ七〇〇年とある。

ホームの中央で、空へと伸びるクスノキ

萱島駅が開業したのは明治四三年（一九一〇）。もともと駅付近に萱島神社があり、クスノキはその御神木とされたものだ。

高架複々線化されることが決まった昭和四七年（一九七二）、駅が少し南に移動するため、高架がクスノキに支障することになった。

伐採する計画も持ち上がったが、「御神木を切れば災いが起きるかも知れない」と噂されたという。地元からの保存の要望が強く、翌四八年にはそれに応えるかたちで保存が決定。昭和五二年（一九七七）には無事に高架ホームの運用が開始された。

工事には余計な費用、作業がかさみ、クスノキのメンテナンスも必要だろう。しかし、エピソードは語り継がれ、何より間近にある緑が、人々に安らぎを与えてくれる。

# 『意外な大阪の「駅」のナゾ』資料編

# 大阪の主要駅乗車人員表 [単位：人]

（1日平均　令和2年度大阪府統計年鑑より）

JR西日本

| | |
|---|---|
| **関西本線** | |
| 河内堅上 | 299 |
| 高井田 | 3.429 |
| 柏原 | 9.022 |
| 八尾 | 10.820 |
| 久宝寺 | 14.747 |
| 加美 | 6.967 |
| 平野 | 8.751 |
| 天王寺 | 108.718 |
| 今宮 | 3.758 |
| ＪＲ難波 | 16.754 |
| **阪和線** | |
| 美章園 | 4.511 |
| 杉本町 | 5.869 |
| 堺市 | 9.882 |
| 三国ケ丘 | 19.689 |
| 津久野 | 6.773 |
| 鳳 | 15.636 |
| 和泉府中 | 14.019 |
| 東岸和田 | 9.284 |
| 東貝塚 | 2.080 |
| 熊取 | 8.267 |
| 日根野 | 6.550 |
| 和泉砂川 | 3.346 |
| **羽衣支線** | |
| 東羽衣 | 4.417 |
| **関西空港線** | |
| りんくうタウン | 2.557 |
| 関西空港 | 3.583 |
| **おおさか東線** | |
| 南吹田 | 2.351 |
| ＪＲ淡路 | 6.425 |
| 高井田中央 | 5.859 |
| ＪＲ野江 | 4.104 |
| ＪＲ河内永和 | 7.247 |
| ＪＲ長瀬 | 2.560 |
| 新加美 | 2.080 |

| | |
|---|---|
| **東海道本線** | |
| 島本 | 6.764 |
| 高槻 | 51.468 |
| 摂津富田 | 15.720 |
| 茨木 | 36.110 |
| 千里丘 | 16.498 |
| 吹田 | 18.080 |
| 新大阪 | 46.284 |
| 大阪 | 290.317 |
| 塚本 | 15.974 |
| **大阪環状線** | |
| 寺田町 | 14.168 |
| 桃谷 | 14.852 |
| 鶴橋 | 67.340 |
| 森ノ宮 | 19.008 |
| 大阪城公園 | 6.893 |
| 京橋 | 94.147 |
| 天満 | 19.457 |
| 西九条 | 23.064 |
| 弁天町 | 26.692 |
| 新今宮 | 49.240 |
| **桜島線** | |
| ユニバーサルシティ | 13.179 |
| 桜島 | 9.809 |
| **片町線（学研都市線）** | |
| 長尾 | 8.979 |
| 河内磐船 | 8.849 |
| 四条畷 | 14.709 |
| 住道 | 24.586 |
| 鴻池新田 | 11.086 |
| 放出 | 14.378 |
| 鴫野 | 9.264 |
| **ＪＲ東西線** | |
| 大阪城北詰 | 4.077 |
| 大阪天満宮 | 20.570 |
| 北新地 | 38.686 |
| 加島 | 8.103 |

## 近畿日本鉄道

| | |
|---|---|
| **南大阪線** | |
| 大阪阿部野橋 | 81.110 |
| 針中野 | 4.586 |
| 河内松原 | 14.995 |
| 恵我ノ荘 | 5.432 |
| 藤井寺 | 18.038 |
| 土師ノ里 | 3.646 |
| 道明寺 | 3.422 |
| 古市 | 10.404 |
| **長野線** | |
| 貴志 | 8.649 |
| 富田林 | 6.750 |
| 河内長野 | 5.944 |
| **難波線** | |
| 大阪難波 | 67.630 |
| 近鉄日本橋 | 24.734 |
| **大阪線** | |
| 大阪上本町 | 39.431 |
| 鶴橋 | 79.647 |
| 布施 | 19.614 |
| 長瀬 | 15.456 |
| 近鉄八尾 | 18.818 |
| 河内山本 | 10.200 |
| 高安 | 5.707 |
| 河内国分 | 8.420 |
| **奈良線** | |
| 河内永和 | 5.387 |
| 八戸ノ里 | 13.642 |
| 東花園 | 9.659 |
| 瓢箪山 | 11.086 |
| 石切 | 4.375 |
| **道明寺線** | |
| 柏原 | 3.088 |
| **信貴線** | |
| 信貴山口 | 695 |
| **西信貴鋼索線** | |
| 高安山 | 18 |
| **けいはんな線** | |
| 長田 | 2.861 |
| 吉田 | 7.603 |
| 新石切 | 9.202 |

## 阪急電鉄

| | |
|---|---|
| **京都本線** | |
| 大阪梅田 | 57.022 |
| 十三 | 11.647 |
| 南方 | 17.582 |
| 崇禅寺 | 3.010 |
| 淡路 | 11.562 |
| 上新庄 | 23.139 |
| 茨木市 | 28.103 |
| 高槻市 | 28.477 |
| 上牧 | 4.823 |
| 水無瀬 | 4.983 |
| **千里線** | |
| 天神橋筋六丁目 | 7.077 |
| 柴島 | 2.277 |
| 吹田 | 7.422 |
| 豊津 | 6.702 |
| 関大前 | 16.895 |
| 千里山 | 8.295 |
| 南千里 | 9.987 |
| 山田 | 11.107 |
| 北千里 | 13.228 |
| **神戸本線** | |
| 大阪梅田 | 79.590 |
| 中津 | 2.085 |
| 十三 | 10.007 |
| 神崎川 | 9.577 |
| **宝塚本線** | |
| 大阪梅田 | 87.571 |
| 十三 | 10.459 |
| 三国 | 13.086 |
| 庄内 | 14.373 |
| 曽根 | 12.109 |
| 岡町 | 8.964 |
| 豊中 | 23.043 |
| 蛍池 | 19.098 |
| 石橋阪大前 | 18.880 |
| 池田 | 22.445 |
| **箕面線** | |
| 桜井 | 5.132 |
| 牧落 | 3.879 |
| 箕面 | 7.002 |

## 南海電気鉄道

| | |
|---|---|
| **南海本線** | |
| 難波 | 68.277 |
| 新今宮 | 17.633 |
| 天下茶屋 | 21.506 |
| 岸里玉出 | 1.909 |
| 住ノ江 | 5.119 |
| 堺 | 15.096 |
| 石津川 | 5.924 |
| 諏訪ノ森 | 3.088 |
| 羽衣 | 7.426 |
| 高石 | 4.177 |
| 泉大津 | 11.689 |
| 岸和田 | 10.093 |
| 蛸地蔵 | 1.967 |
| 貝塚 | 7.589 |
| 泉佐野 | 7.963 |
| みさき公園 | 1.660 |
| 孝子 | 38 |
| **高野線** | |
| 汐見橋 | 294 |
| 木津川 | 64 |
| 津守 | 345 |
| 我孫子前 | 3.615 |
| 堺東 | 24.729 |
| 三国ケ丘 | 9.780 |
| 初芝 | 6.745 |
| 北野田 | 13.440 |
| 狭山 | 2.443 |
| 大阪狭山市 | 3.914 |
| 金剛 | 12.559 |
| 河内長野 | 8.551 |
| 三日市町 | 5.740 |
| 天見 | 136 |
| **高師浜線** | |
| 高師浜 | 639 |
| **多奈川線** | |
| 深日港 | 238 |
| 多奈川 | 210 |
| **空港線** | |
| りんくうタウン | 3.296 |
| 関西空港 | 4.377 |

## 京阪電気鉄道

| | |
|---|---|
| **中之島線** | |
| 中之島 | 3.906 |
| 大江橋 | 1.774 |
| なにわ橋 | 1.062 |
| **京阪本線** | |
| 淀屋橋 | 44.773 |
| 北浜 | 14.830 |
| 天満橋 | 24.176 |
| 京橋 | 67.221 |
| 千林 | 3.573 |
| 土居 | 2.297 |
| 守口市 | 15.523 |
| 西三荘 | 7.909 |
| 門真市 | 11.753 |
| 萱島 | 12.334 |
| 寝屋川市 | 26.728 |
| 香里園 | 25.385 |
| 枚方市 | 37.655 |
| 樟葉 | 25.746 |
| **交野線** | |
| 村野 | 2.599 |
| 交野市 | 4.552 |
| 河内森 | 4.871 |
| 私市 | 1.291 |

## 阪神電気鉄道

| | |
|---|---|
| **阪神本線** | |
| 大阪梅田 | 70.989 |
| 福島 | 4.234 |
| 野田 | 13.474 |
| 淀川 | 2.197 |
| 姫島 | 6.003 |
| 千船 | 7.097 |
| **なんば線** | |
| 大阪難波 | 13.650 |
| 桜川 | 2.392 |
| ドーム前 | 3.951 |
| 九条 | 5.764 |
| 西九条 | 15.336 |

## 大阪の主要駅乗車人員表

### 大阪モノレール

| | |
|---|---|
| **大阪モノレール本線** | |
| 大阪空港 | 4.912 |
| 蛍池 | 10.929 |
| 千里中央 | 16.069 |
| 万博記念公園 | 6.365 |
| 南茨木 | 12.147 |
| 大日 | 6.022 |
| 門真市 | 9.256 |
| **彩都線** | |
| 阪大病院前 | 3.340 |
| 彩都西 | 4.413 |

### 阪堺電気軌道

| | |
|---|---|
| **阪堺線** | |
| 恵美須町 | 257 |
| 新今宮駅前 | 223 |
| 住吉 | 347 |
| 我孫子道 | 1.173 |
| 浜寺駅前 | 466 |
| **阪堺上町線** | |
| 天王寺駅前 | 5.385 |

### 水間鉄道

| | |
|---|---|
| 貝塚 | 1.321 |
| 清児 | 513 |
| 水間観音 | 554 |

### 能勢電鉄

| | |
|---|---|
| 妙見口 | 381 |
| ときわ台 | 1.009 |
| 光風台 | 1.308 |

### 北大阪急行電鉄

| | |
|---|---|
| 千里中央 | 38.037 |
| 桃山台 | 17.388 |
| 緑地公園 | 15.101 |

### 泉北高速鉄道

| | |
|---|---|
| 泉ケ丘 | 15.679 |
| 栂・美木多 | 7.774 |
| 和泉中央 | 11.872 |

## Osaka Metro（大阪市高速電気軌道）

| | |
|---|---|
| **千日前線** | |
| 野田阪神 | 12.585 |
| 玉川 | 4.379 |
| 西長堀 | 11.180 |
| 桜川 | 7.319 |
| 日本橋 | 26.964 |
| 鶴橋 | 12.350 |
| 今里 | 10.411 |
| 新深江 | 5.328 |
| 南巽 | 5.137 |
| **堺筋線** | |
| 扇町 | 6.640 |
| 北浜 | 28.830 |
| 長堀橋 | 20.355 |
| 恵美須町 | 7.719 |
| 天下茶屋 | 33.503 |
| **長堀鶴見緑地線** | |
| 大正 | 5.662 |
| ドーム前千代崎 | 4.260 |
| 西大橋 | 6.212 |
| 松屋町 | 4.529 |
| 玉造 | 6.602 |
| 大阪ビジネスパーク | 5.564 |
| 京橋 | 15.136 |
| 蒲生四丁目 | 8.131 |
| 今福鶴見 | 10.298 |
| 鶴見緑地 | 4.689 |
| 門真南 | 4.948 |
| **今里筋線** | |
| 井高野 | 3.289 |
| だいどう豊里 | 4.402 |
| 清水 | 2.591 |
| 新森古市 | 3.325 |
| 鴫野 | 4.432 |
| **ニュートラム南港ポートタウン線** | |
| トレードセンター前 | 5.893 |
| 中ふ頭 | 2.397 |
| ポートタウン西 | 4.163 |
| ポートタウン東 | 6.398 |
| フェリーターミナル | 1.523 |
| 南港東 | 1.800 |
| 南港口 | 2.124 |
| 平林 | 2.096 |

| | |
|---|---|
| **御堂筋線** | |
| 江坂 | 37.886 |
| 新大阪 | 53.632 |
| 西中島南方 | 28.387 |
| 梅田 | 171.735 |
| 淀屋橋 | 87.299 |
| 本町 | 90.310 |
| 難波 | 133.492 |
| 天王寺 | 111.258 |
| 長居 | 14.738 |
| 我孫子 | 15.759 |
| 新金岡 | 9.526 |
| 中百舌鳥 | 32.021 |
| **谷町線** | |
| 大日 | 14.968 |
| 守口 | 7.808 |
| 関目高殿 | 6.956 |
| 都島 | 15.526 |
| 天神橋筋六丁目 | 16.931 |
| 東梅田 | 69.846 |
| 天満橋 | 38.039 |
| 谷町九丁目 | 30.351 |
| 四天王寺夕陽ケ丘 | 11.012 |
| 平野 | 10.350 |
| 喜連瓜和 | 10.258 |
| 八尾南 | 5.241 |
| **四つ橋線** | |
| 西梅田 | 49.996 |
| 肥後橋 | 27.527 |
| 花園町 | 7.354 |
| 岸里 | 7.496 |
| 玉出 | 8.836 |
| 北加賀屋 | 11.262 |
| 住之江公園 | 13.964 |
| **中央線** | |
| コスモスクエア | 10.515 |
| 大阪港 | 7.256 |
| 弁天町 | 16.884 |
| 九条 | 11.225 |
| 阿波座 | 21.196 |
| 堺筋本町 | 46.001 |
| 森ノ宮 | 13.840 |
| 深江橋 | 10.464 |
| 長田 | 8.826 |

# 大阪の鉄道略年表

| 西暦 | 年号 | 出来事 |
|---|---|---|
| 1874 | 明治 7 | ・大阪～神戸間の鉄道が開業 |
| 1877 | 明治 10 | ・工部省に、鉄道寮を廃止して鉄道局を設置 |
| | | ・大阪～京都間の鉄道が完成し、京都～神戸間の鉄道開業式を挙行 |
| 1884 | 明治 17 | ・大阪堺間鉄道会社が設立され、その後阪堺鉄道と改称 |
| 1885 | 明治 18 | ・阪堺鉄道難波～大和川北間が開通 |
| 1889 | 明治 22 | ・東海道線新橋～神戸間が全通 |
| | | ・大阪鉄道湊町～柏原間が開業 |
| 1890 | 明治 23 | ・鉄道局を鉄道庁と改称 |
| 1892 | 明治 25 | ・鉄道敷設法が公布され、私設鉄道の買収や政府による幹線鉄道の建設が決まる |
| 1895 | 明治 28 | ・紀泉鉄道と紀阪鉄道が合併した紀摂鉄道が、南海鉄道に改称 |
| | | ・大阪鉄道天王寺～玉造間が開業 |
| | | ・浪速鉄道片町～四条畷間が開業 |
| 1896 | 明治 29 | ・東海道線新橋～神戸間に初めて急行列車を運転 |
| 1897 | 明治 30 | ・大阪馬車鉄道が設立される |
| | | ・関西鉄道が浪速鉄道を買収 |
| 1898 | 明治 31 | ・南海鉄道が阪堺鉄道を合併 |
| | | ・西成鉄道大阪～安治川口間が開業 |
| | | ・関西鉄道片町～木津間が全通 |
| 1899 | 明治 32 | ・摂津電気鉄道が設立され、その後阪神電気鉄道に改称 |
| 1900 | 明治 33 | ・南海鉄道天王寺支線天王寺～天下茶屋間が開業 |
| | | ・大阪馬車鉄道天王寺西門前～東天下茶屋間が開業 |
| | | ・関西鉄道が大阪鉄道を合併 |
| 1903 | 明治 36 | ・日本初の公営鉄道として、大阪市で路面電車が花園橋～築港桟橋間に開業 |
| | | ・南海鉄道難波～和歌山市間が全通 |
| | | ・畿内電気鉄道が設立される |
| 1905 | 明治 38 | ・阪神電気鉄道大阪（出入橋）～神戸（三宮）間が開業 |
| 1906 | 明治 39 | ・鉄道国有法が公布され、日本の主要私鉄の 17 社が買収される |
| | | ・畿内電気鉄道が京阪電気鉄道に社名変更 |
| | | ・西成鉄道大阪～安治川口間が国有化され、西成線となる |
| 1907 | 明治 40 | ・箕面有馬電気軌道（現在の阪急電鉄）を設立される |
| | | ・関西鉄道天王寺～玉造間が国有化され、城東線となる |
| | | ・関西鉄道片町～木津間が国有化され、片町線となる |
| 1908 | 明治 41 | ・能勢電気軌道が設立される |
| 1909 | 明治 42 | ・関西本線湊町～柏原間で気動車による運転を開始 |
| | | ・南海鉄道が大阪馬車鉄道を合併 |

| 西暦 | 年号 | 出来事 |
|---|---|---|
| 1910 | 明治 43 | ・箕面有馬電気軌道の宝塚本線、箕面線が開業 |
| | | ・京阪電気鉄道大阪（天満橋）～京都（五条）間が開業 |
| | | ・阪堺電気軌道が設立される |
| | | ・奈良軌道が設立され、その後大阪電気軌道（現在の近畿日本鉄道）に社名変更 |
| | | ・西成線大阪～桜島間が全通 |
| 1911 | 明治 44 | ・阪堺電気軌道恵美須町～大小路間が開業 |
| 1914 | 大正 3 | ・大阪電気軌道大阪～奈良間が開業 |
| | | ・京阪電気鉄道で急行列車を運転開始 |
| 1915 | 大正 4 | ・大阪市電安治川２丁目～上本町６丁目間が開通 |
| | | ・南海鉄道が阪堺電気軌道を合併 |
| | | ・京阪電気鉄道で、日本初の色灯三位式自動閉そく信号機を使用 |
| 1918 | 大正 7 | ・箕面有馬電気軌道が阪神急行電鉄に社名変更 |
| 1920 | 大正 9 | ・阪神急行電鉄神戸本線梅田～神戸上筒井間が開通 |
| | | ・鉄道省を設置 |
| 1921 | 大正 10 | ・北大阪電気鉄道（現在の阪急電鉄）十三～千里山間が開通 |
| 1922 | 大正 11 | ・10 月 14 日が鉄道記念日と定められる |
| 1924 | 大正 13 | ・阪神電気鉄道伝法線（現在の阪神なんば線）大物～千鳥橋間が開通 |
| | | ・水間鉄道が設立される |
| 1926 | 大正 15 | ・阪和電気鉄道が設立される |
| 1929 | 昭和 4 | ・阪和電気鉄道阪和天王寺～和泉府中間、鳳～阪和浜寺間が開業 |
| 1930 | 昭和 5 | ・阪和電気鉄道阪和天王寺～阪和東和歌山間が全通 |
| 1932 | 昭和 7 | ・南海鉄道が難波駅にターミナルビル（南海ビル）を完成 |
| 1933 | 昭和 8 | ・日本初の公営地下鉄、地下鉄御堂筋線梅田～心斎橋間が開通 |
| 1935 | 昭和 10 | ・地下鉄御堂筋線心斎橋～難波間が開通 |
| 1936 | 昭和 11 | ・南海鉄道で日本初の冷房電車が運転開始 |
| 1938 | 昭和 13 | ・南海鉄道難波～天下茶屋間の複々線が開通 |
| | | ・京阪電気鉄道で女子改札係を配属 |
| 1940 | 昭和 15 | ・南海鉄道が阪和電気鉄道を合併、阪和天王寺～阪和東和歌山間が南海鉄道山手線となる |
| 1941 | 昭和 16 | ・大阪電気軌道と参宮急行電鉄の合併により、関西急行鉄道が誕生 |
| 1942 | 昭和 17 | ・地下鉄四つ橋線大国町～花園町間が開業 |
| 1943 | 昭和 18 | ・阪神急行電鉄と京阪電気鉄道の合併により、京阪神急行電鉄が誕生 |
| 1944 | 昭和 19 | ・関西急行鉄道と南海鉄道の合併により、近畿日本鉄道が誕生 |
| | | ・南海鉄道山手線が国有化され、阪和線となる |
| 1947 | 昭和 22 | ・近畿日本鉄道の再編成により、南海電気鉄道が分離 |
| | | ・近畿日本鉄道大阪～名古屋間の特急運転開始 |
| 1949 | 昭和 24 | ・日本国有鉄道（ＪＮＲ）が設立される |
| | | ・京阪神急行電鉄の再編成により、京阪神急行電鉄（現在の阪急電鉄）が誕生し、京阪電気鉄道が分離 |

## 大阪の鉄道略年表

| 西暦 | 年号 | 出来事 |
|---|---|---|
| 1951 | 昭和 26 | ・南海電気鉄道が特急「こうや」運転開始 |
| 1952 | 昭和 27 | ・京阪電気鉄道が京阪間特急 48 分運転記念スピードくじ付乗車券を発売 |
| 1954 | 昭和 29 | ・京阪電気鉄道の特急電車にテレビカーが登場 |
| 1956 | 昭和 31 | ・近畿日本鉄道奈良線で特急運転開始 |
| | | ・国鉄東海道本線の電化完成 |
| 1958 | 昭和 33 | ・近畿日本鉄道で世界初の 2 階建て電車ビスタカーが運転開始 |
| 1959 | 昭和 34 | ・京阪神急行電鉄梅田～十三間の3複線が完成 |
| | | ・近畿日本鉄道で 2 代目ビスタカーが運転開始 |
| 1960 | 昭和 35 | ・能勢電気軌道鋼索線ケーブル黒川～ケーブル山上間が開業 |
| 1961 | 昭和 36 | ・国鉄大阪環状線が暫定的に開業、西九条～桜島間は桜島線に |
| | | ・地下鉄中央線大阪港～弁天町間が開業 |
| 1963 | 昭和 38 | ・京阪電気鉄道淀屋橋～天満橋間が開業 |
| | | ・京阪神急行電鉄千里山線（現在の千里線）が開通 |
| 1964 | 昭和 39 | ・阪神電気鉄道西大阪線（伝法線を改称、現在の阪神なんば線）千鳥橋～西九条間が開通 |
| | | ・京阪電気鉄道淀屋橋駅で、日本初の駅冷房を開始 |
| | | ・国鉄大阪環状線が環状運転を開始 |
| | | ・国鉄東海道新幹線東京～新大阪間が開業 |
| 1965 | 昭和 40 | ・泉北高速鉄道が設立される |
| 1967 | 昭和 42 | ・北大阪急行電鉄が設立される |
| | | ・地下鉄谷町線東梅田～谷町四丁目間が開業 |
| 1968 | 昭和 43 | ・大阪市電がすべて廃止となる |
| | | ・地下鉄堺筋線と京阪神急行電鉄京都本線・千里線が相互直通運転を開始 |
| 1969 | 昭和 44 | ・地下鉄千日前線野田阪神～桜川間、谷町九丁目～新深江間が開業 |
| | | ・地下鉄堺筋線天神橋筋六丁目～動物園前間が開業 |
| 1970 | 昭和 45 | ・北大阪急行電鉄江坂～万国博中央口間が開業 |
| | | ・近畿日本鉄道が上本町から難波へ乗入れ |
| 1971 | 昭和 46 | ・泉北高速鉄道中百舌鳥～泉ヶ丘間が開業 |
| 1973 | 昭和 48 | ・京阪神急行電鉄が阪急電鉄に社名変更 |
| 1980 | 昭和 55 | ・大阪高速鉄道（大阪モノレール）が設立される |
| | | ・阪堺電気軌道が再スタート |
| 1981 | 昭和 56 | ・大阪市の南港ポートタウン線中ふ頭～住之江公園間が開業 |
| 1985 | 昭和 60 | ・南海電気鉄道が特急「サザン」運転開始 |
| 1986 | 昭和 61 | ・地下鉄中央線と近畿日本鉄道東大阪線が相互直通運転を開始 |
| 1987 | 昭和 62 | ・日本国有鉄道が分割して民営化され、ＪＲ7社が誕生 |
| 1990 | 平成 2 | ・大阪高速鉄道千里中央～南茨木間が開業 |
| | | ・リニアモータ方式による地下鉄長堀鶴見緑地線京橋～鶴見緑地間が開業 |
| 1991 | 平成 3 | ・水間鉄道水間駅で自動改札機使用開始 |
| 1994 | 平成 6 | ・JR 関西空港線日根野～関西空港間が開業 |

| 西暦 | 年号 | 出来事 |
|---|---|---|
| 1995 | 平成 7 | ・阪神・淡路大震災 |
| | | ・泉北高速鉄道が中百舌鳥～和泉中央間の運転となる |
| 1996 | 平成 8 | ・共通乗車システム「スルッと KANSAI」運用開始 |
| 1997 | 平成 9 | ・大阪高速鉄道本線大阪空港～門真市間の全線が開通 |
| | | ・JR 東西線が開業 |
| | | ・JR 片町線片町～京橋間が廃止 |
| 1998 | 平成 10 | ・京阪電気鉄道の全特急列車にダブルデッカー車を増結 |
| 2002 | 平成 14 | ・JR 学研都市線・大阪環状線に女性専用車を試行導入 |
| 2006 | 平成 18 | ・阪急阪神ホールディングスが誕生 |
| | | ・地下鉄今里筋線井高野～今里間が開業 |
| 2008 | 平成 20 | ・京阪電気鉄道中之島線天満橋～中之島間が開業 |
| | | ・JR おおさか東線の一部区間、放出～久宝寺間が開業 |
| 2009 | 平成 21 | ・阪神電気鉄道阪神なんば線大阪難波～西九条間が開業 |
| | | ・阪神電気鉄道と近畿日本鉄道が三宮～近鉄奈良間で相互直通運転を開始 |
| | | ・JR の京阪神近郊エリアの在来線ホームを禁煙化 |
| 2011 | 平成 23 | ・JR 東西線北新地駅で可動式ホーム柵を使用開始 |
| 2013 | 平成 25 | ・JR 貨物吹田貨物ターミナル駅開業 |
| 2014 | 平成 26 | ・交通科学博物館閉館 |
| 2018 | 平成 30 | ・大阪市交通局が民営化、大阪市高速電気軌道となる |
| 2019 | 平成 31 | ・JR おおさか東線新大阪～放出間が開業 |
| 2023 | 令和 5 | ・JR 大阪駅（うめきたエリア）地下ホーム開業 |

関西の中枢を成す大都市・大阪。
日々発展を遂げるなか、
鉄道の駅も新たなナゾが生まれている。
その一方、変化のなかで
消えてしまった〝ナゾの素〟もある。
温故知新。
これからも大阪を訪ねるのが楽しみだ。

上・改装前の心斎橋駅
下・2016 年に廃止された阪堺電車の平面交差

## ◆著者紹介

**米屋こうじ◉よねや・こうじ**

昭和 43 年（1968）、山形県天童市生まれ。人と鉄道の結びつきをテーマに、日本と世界 25 ヶ国の鉄道を撮影。一般社団法人・交通環境整備ネットワーク、公益社団法人・日本写真家協会（JPS）会員。著者に『木造駅舎の旅』（INFAS パブリケーションズ）、『ニッポン鉄道遺産』『鉄道一族三代記』（交通新聞社）、『旅する鉄道写真』（天夢人）、写真集『I LOVE TRAIN—アジア・レイル・ライフ』（ころから）など。

## ◆参考文献

### 書籍・雑誌

『大阪市営交通 90 年のあゆみ』（大阪都市協会 1993 年）
浅野明彦『鉄道考古学を歩く』JTB キャンブックス（JTB 出版事業局 1998 年）
谷川彰英『大阪「駅名」の謎』（祥伝社 2009 年）
中西あきこ『されど鉄道文字』（成美堂出版 2016 年）
週刊『歴史でめぐる鉄道全路線』各号（朝日新聞出版）
週刊『私鉄全駅・全車両基地』各号（朝日新聞出版）
『鉄道ファン』各号（交友社）
『鉄道ピクトリアル』各号（電気社研究会）
『鉄道ジャーナル』各号（鉄道ジャーナル社）
『ノスタルジックトレイン No.2』（芸文社 2009 年）
『JTB 時刻表』各号（JTB パブリッシング）
『JR 時刻表』各号（交通新聞社）

### Web

各市町村ホームページ／各市町村図書館ホームページ／各鉄道会社ホームページ／各新聞社ホームページ

## ◆ Special Thanks（敬称略）

あまみ温泉南天苑・山﨑友起子／井原薫／塩塚陽介／竹内義尊／柳井近之

編集　揚野市子（「旅と鉄道」編集部）
デザイン　ロコ・モーリス組
編集協力　野上 徹

# 意外な大阪の「駅」のナゾ

2023年5月27日　初版第1刷発行

著　者　米屋こうじ
発行人　勝峰富雄
発　行　株式会社 天夢人
〒101-0051　東京都千代田区神田神保町1-105
https://www.temjin-g.co.jp/
発　売　株式会社 山と溪谷社
〒101-0051　東京都千代田区神田神保町1-105
印刷・製本　大日本印刷株式会社

◎内容に関するお問合せ先
「旅と鉄道」編集部　info@temjin-g.co.jp　電話03-6837-4680
◎乱丁・落丁に関するお問合せ先
山と溪谷社カスタマーセンター　service@yamakei.co.jp
◎書店・取次様からのご注文先
山と溪谷社受注センター　電話048-458-3455　FAX048-421-0513
◎書店・取次様からのご注文以外のお問合せ先
eigyo@yamakei.co.jp

・定価はカバーに表示してあります。

Printed in Japan
ISBN978-4-635-82486-6